떠들썩한 홍보 없이
학부모의 마음을 사로잡은

1등 학원의 비밀

떠들썩한 홍보 없이
학부모의 마음을 사로잡은

1등 학원의 비밀

정 석진 지음

/ 프롤로그 /

학원에 맞는
온라인 마케팅 길라잡이가 필요하다

학원가가 위기라고 한다. 생존을 고민하는 원장도 점점 늘고 있다. 그들은 돌파구로 온라인 마케팅을 주목해 보지만 어디서부터 풀어가야 할지 감조차 잡지 못하고 있다. 마케팅 강의에도 기웃거려 보지만 막상 배운 내용을 학원에 적용하려니 막막하기만 하다.

생존을 고심하는 원장들의 모습에서 10년 전 나를 봤다. 당시 나는 주말까지 반납하고 마케팅에 매달렸지만 기대하던 성과를 내지 못했다. 매번 진화하는 네이버 로직을 파악하느라 인터넷을 뒤지고 전문 강좌를 찾아다녔다. 블로그로 인연이 된 사람들과 밤새 토론하고 연구하면서 수많은 시행착오도 겪었다. 네이버 검색 노출 경쟁이 치열한 화상 영어·성형외과·보험 마케팅을 진행하면서 업종마다 주력하는 채널과 진행 방식이 다르다는 것도 경험했다. 블로그·카페·지식iN·웹문서·연관 검색어·지도·사이트 여기에 뉴미디어의 등장으로 페이스북·인스타그램·유튜브까지, 생존을 위해 10년이란 시간을 변화무쌍한 미디어 생태계에 적응하는 데 썼다.

나는 철저하게 마케팅으로 성과를 내는 실무자였다. 효율을 높이기 위해 네이버 로직을 파고드는 연구자이기도 했다. 이를 바탕으로 프랜차이즈 학원에서 원장들을 대상으로 강의도 진행했다. 강의 초반에는 상위 노출을 위한 핵심 로직에 집중했다. 하지만 기대와 달리 실행에 옮기는 원장들은 소수에 불과했다. 이유가 궁금했다. 머지않아 강의 경험 부족에서 비롯된 오판임을 인지했다. 이유식을 떠먹여야 하는 아이의 입에 고기를 밀어 넣은 격이었던 것이다.

온라인 마케팅 경험이 없는 사람들에게 가장 먼저 행해야 할 것은 흐름을 잡아 주는 일이다. 지금까지 만나 본 학원장들은 마케팅에 대한 이해가 부족했다. 하나같이 홍보와 마케팅의 필요성은 느끼고 있었지만 받아들일 수 있는 배경지식이 부족했다. 일시적인 교육만으로 마케팅 성과를 기대할 수는 없었다.

마케팅 대행사에 맡기는 건 어떨까? 대부분의 대행사는 학원의 고유한 특성은 이해하지 못한 채 내용보다는 콘텐츠의 상위 노출에만 집중하는 경향이 강하다.

학원 마케팅을 경험한 나라고 다르진 않았다. 학원 프로그램, 입시, 교육 정보까지 연구해 학원의 장점이 드러나도록 알림으로써 수많은 신규 원생을 끌어들이기까진 했다. 하지만 학생을 지도하거나 학부모와 상담한 경험이 없는 탓에 진솔한 울림을 주는 정보 전달까지는 한계가 있었다.

아무리 경험이 풍부한 마케터도 학원을 모르면 학부모를 설득하기란 쉽지 않다. 그래서 학원 마케팅은 반드시 학부모와 가장 친밀도가 높은 학원 관계자가 맡아야 한다는 결론을 내리게 되었다.

이 책은 이제 막 온라인 마케팅을 시작하려는 학원장에게 작은 길잡이가 되기를 바라는 마음으로 써 내려갔다. 학부모에 의해 결정되는 초·중·고 학원을 중점적으로 다뤘다. 5년 동안 신규 개원·기존 학원·프랜차이즈 학원을 홍보하면서 고민하고 경험한 것들을 학원장 입장에서 들여다봤다. 특히 학부모 마케팅에 적합한, 블로그 운영에 관한 전략이 자세히 적혀 있다. 이제 막 온라인 마케팅을 시작하는 학원이라면 마케팅 방향을 잡는 데 도움이 될 수 있을 것이다.

아직도 온라인 마케팅을 고민하고 있다면 이 책이 그 고민을 해결해 주길 바란다. "할까 말까 고민될 때는 하라"는 말도 있지 않은가. 이 책을 통해 학원에 변화가 생기고 성장한다면 저자로서 그보다 기쁜 일은 없을 것이다.

마지막으로 지난 10년간 온라인 마케팅을 연구하느라 가정을 돌보지 않은 남편을 끝까지 믿고 지지해 준 사랑하는 창용이, 환한 웃음이 예쁜 딸 윤정이 그리고 다른 가족과 지인들에게 너무나 고맙다고 전하고 싶다.

/ 목차 /

프롤로그 학원에 맞는 온라인 마케팅 길라잡이가 필요하다   • 4

이론편

마케팅 타임이 우리 학원의 생존 타임이다

1장. 온라인 마케팅, 이제는 시대의 흐름이다!

1. 온라인 마케팅으로 성공하는 학원장들 • 17
2. 딱 한 명이 내게 주는 수익을 생각하라 • 25
3. 선점하라, 성장의 기회가 될 것이다 • 29
4. 뚜렷한 전략이 성과로 이어진다 • 33

2장. 성공하는 학원장들의 은밀한 시간

1. 성장하는 학원의 비밀 · 39
2. 하루 30분, 100일이면 충분하다 · 44
3. 성공하는 학원장은 마인드가 다르다 · 48
4. 신규 유입 비밀은 내부에 숨어 있다 · 52
5. 나는 우리 학원을 얼마나 이해하고 있는가? · 59
6. 온라인 마케팅으로 얻는 세 가지 효과 · 64
7. 학원 마케팅의 출발점! 메시지·특징을 찾아라! · 69

3장. 온라인 마케팅 핵심 이해하기

1. 온라인 마케팅을 성공으로 이끄는 세 가지 필수 능력 · 79
2. 네이버의 히든카드, C-Rank · 86
3. 소비자와 나의 연결 고리, 키워드 이해하기 · 96
4. 온·오프라인 통합 마케팅 프로세스를 만들자 · 108

실천편

따라만 해도 성공하는 온라인 마케팅 실천 로드맵

4장. 우리 지역 랜드 마크가 되어 보자

1. 지도 등록 준비 · 117
2. 10분이면 할 수 있는 지도 등록 · 122
3. 지도 등록과 함께하면 유용한 기능 · 134

5장. 온라인 마케팅 거점 만들기

1. 학원 마케팅은 블로그를 중심으로 세팅하자 · 143
2. 블로그 시작, 기본 세팅하기 · 145
3. 상위 노출과 클릭을 유도하는 제목 만들기 · 167
4. 상담으로 연결되는, 설득하는 본문 글쓰기 · 174
5. 글 작성 후 발행 전 점검 사항 · 182

6장. 유입을 높이는 채널 믹스와 연결 구조

1. 우리 학원 타깃 고객이 머무는 곳, 지역 카페를 활용하자 · 187
2. 키워드광고, 이제는 시작할 때다 · 197
3. 정밀한 타깃팅과 넛지 마케팅에 유용한
   페이스북·인스타그램 · 203
4. 학부모와 일대일로 소통하는 카카오톡·밴드 · 209
5. 홈페이지가 필요하다면? 네이버 modoo · 212
6. 노출 한 번에 효자 노릇 하는 지식iN · 218
7. 전문성 있는 글은 네이버 포스트 · 220
8. 이미지와 동영상은 덤이다 · 222
9. 블로그로 광고를 할 수 있다고? 네이버 파워 콘텐츠 · 225
10. 보도 자료는 고객의 신뢰? 멀티 키워드를 잡아라 · 227

에필로그 100일 이후의 온라인 마케팅과 학원의 변화 · 232

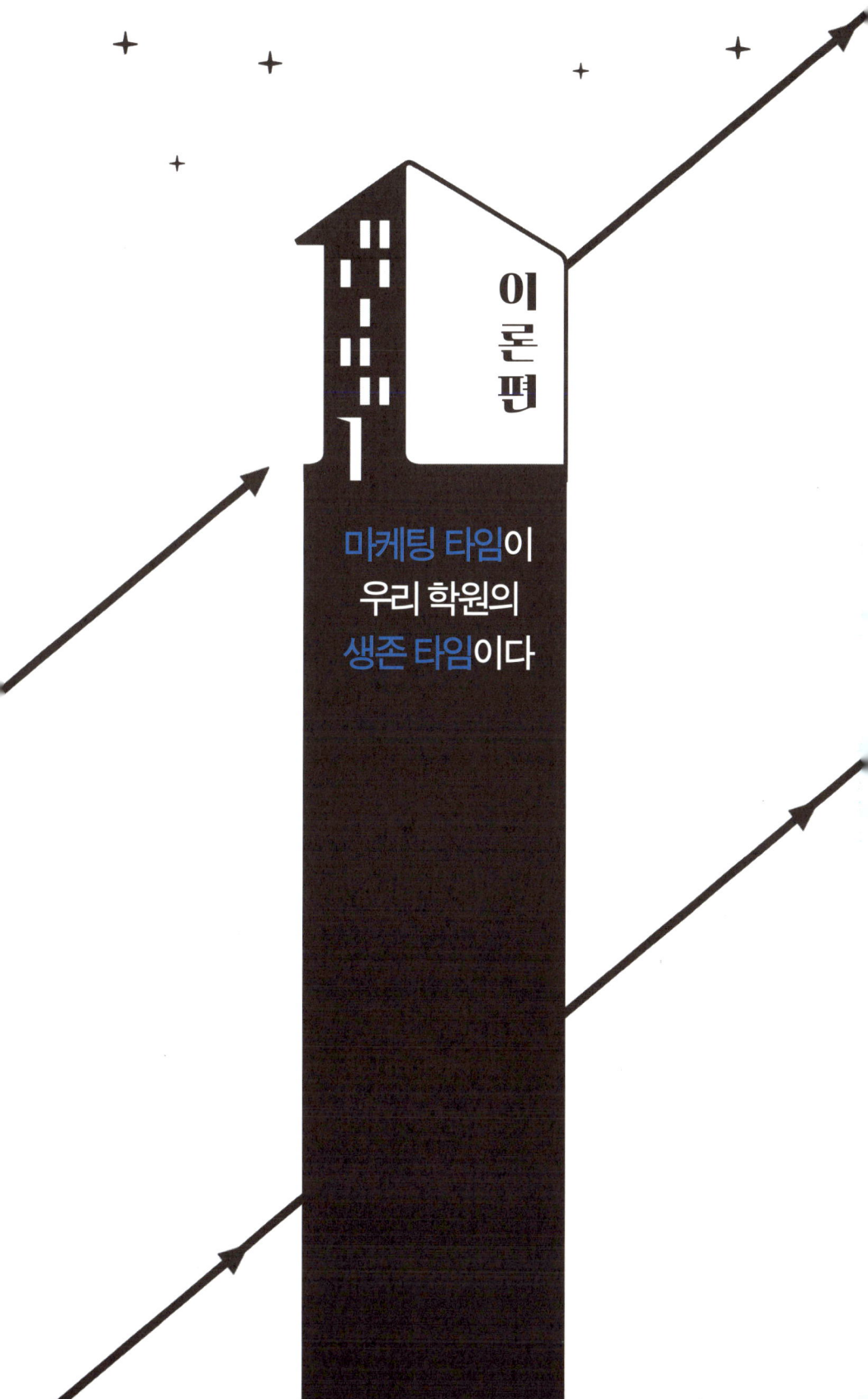

온라인 마케팅, 이제는 시대의 흐름이다!

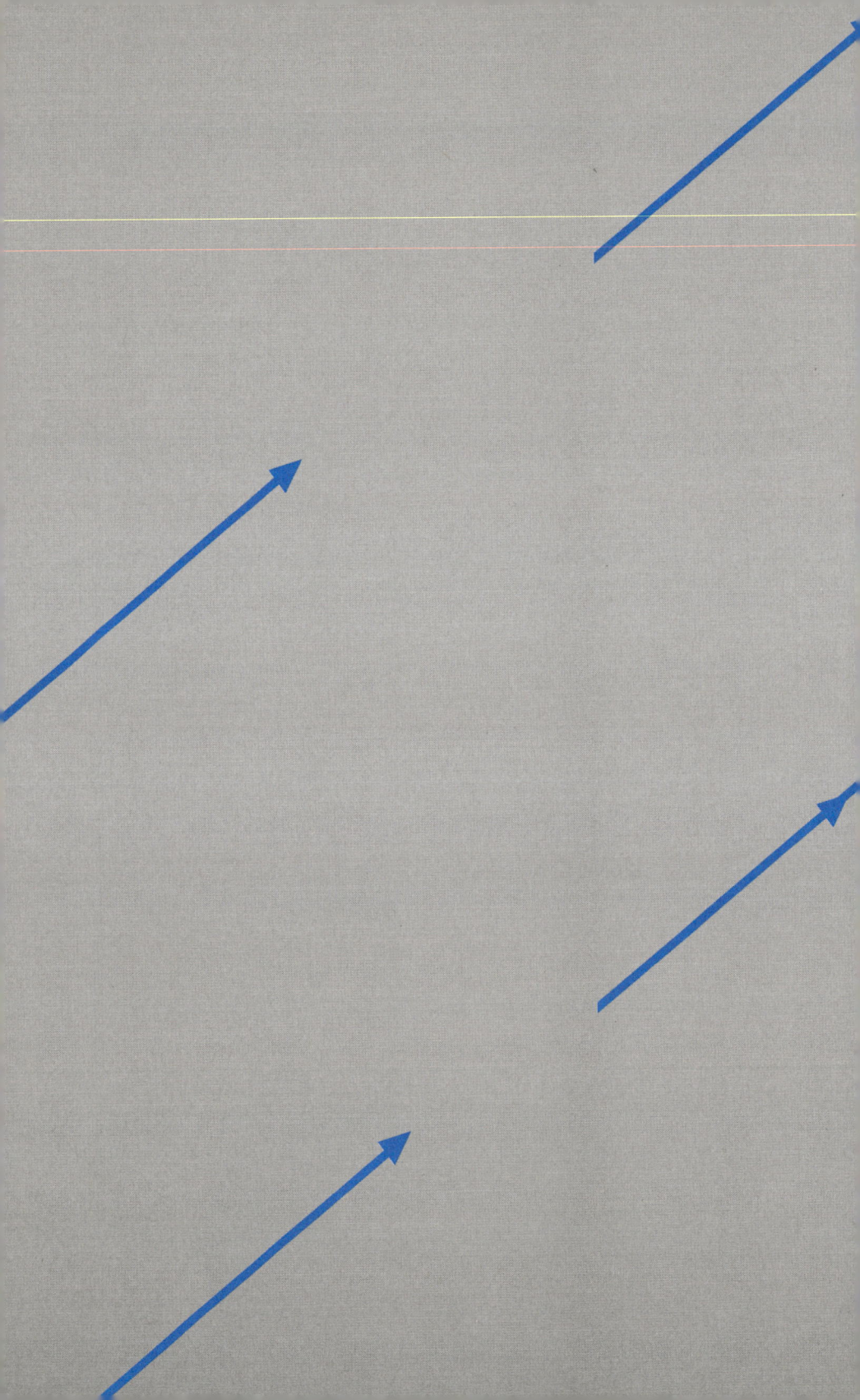

1
온라인 마케팅으로 성공하는 학원장들

개원 설명회 시간이 다가온다. 준비를 마친 직원들의 시선은 에스컬레이터 너머에 멈춰 있다. 예약 확인을 위한 테이블 옆으로 학부모들에게 나눠 줄 문건과 생수가 높고 길게 쌓여 있다. 그곳을 오른쪽으로 끼고 돌아 학원 교재가 전시된 자리를 지나치면 수백 명이 들어갈 만한 넓은 설명회장이 보인다. 출입문에 이르니 예약한 수만큼 앞뒤 좌우로 가지런히 세팅된 의자들이 한눈에 들어온다. 무리한 걸까? 보통 방문자는 예약자의 80%를 넘기기 쉽지 않지만 이번 홍보 과정에서 보이던 관심에 희망을 걸어 보기로 한다. 네이버 카페 댓글 반응도 좋았고 예약 수도 기대 이상이다. 경험 많은 학부모들은 굳이 예약 없이도 당당하게 참석할 것이라는 생각. 그 틈에 경쟁 학원장, 과외·공부방 하는 원장도 분위기를 보겠다며 은근슬쩍 끼어 있을 것이다.

참석자에게 불편을 주지 않는 선에서 최대한 빈 좌석이 보이지 않아야 한다. 한두 사람이라도 서서 듣는다면 현장 분위기는 180도 달라질 것이다. 학부모들은 군중심리에 약하다. 이 미묘한 차이는 전혀 다른 결과를 가져다준다.

그때였다. 멈춰 있던 에스컬레이터가 굵고 짧은 기계음을 내며 서서히 움직였다. 접수대, 문건 배포, 안내 직원의 시선이 소리 나는 곳으로 향했다. 잠시 후 학부모들이 삼삼오오 짝을 지어 모습을 드러냈다.

'시작되었군!'

설명회 10여 분을 앞두고 접수대는 학부모로 붐볐다. 예약 확인을 위해 손놀림이 빠른 직원을 여러 명 배치했지만 한 번 늘어진 줄은 쉽사리 줄어들지 않았다. 약속된 시간이 다가오는 만큼 좌석도 빈틈없이 채워져 갔다. 이제는 자리가 부족한 걸 걱정해야 했다.

"바쁘신 와중에 설명회에 참석해 주신 학부모님들께 잠시 안내방송 드리겠습니다. 정시에 시작하려 했으나 예약 주신 분들보다 많이 찾아 주셔서 10분 후에 진행하겠습니다. 양해 부탁드리겠습니다."

남자 스태프들은 여분으로 준비한 의자를 빠르게 추가했다. 이런 어수선함에도 불평하는 학부모는 없었다. 오히려 이렇게 많은 사람 틈에 있다는 걸 안도해 하는 분위기였다. 설명회는 성공적으로 마무리되었고 현장 분위기는 그대로 신규 원생 모집으로 이어졌다.

개원 설명회가 있던 그 봄날의 오전을 똑똑히 기억한다. 전단지만 뿌려도 수백 명이 몰려오던 2010년대 초반 이후, 오래간만에 이뤄 낸 성과였다. 우리는 신도시 개원을 앞두고 두 달 전부터 치밀한 계획을 세웠고 한 달 전에 실행에 옮겼다. 버스 광고·현수막·우편함·직투 그리고 정보에 목마른 신도시 엄마들을 위해 지역 대표 카페를 공략했다. 광고를 보고 검색하는 학부모를 위해 블로그·지식iN·시도·이미지·동영상·보도 자료·키워드광고까지, 온라인으로 할 수 있는 모든 분야에서 정보를 주고 궁금증을 유발했다. 뻔한 학원 홍보가 아닌 자녀 교육에 힘쓴다는 메시지에 주력했다. 홍보는 온·오프라인을 연계한 통합 마케팅으로 진행되었고 그 결실은 설명회 현장에서 보상받았다.

학원은 입소문이 중요하다. 전단지를 중심으로 홍보하던 과거에도 그랬고, 온라인이 중요시 되는 미래에도 그럴 것이다. 하지만 학원가는 다른 업종에 비해 상대적으로 마케팅에는 소극적이다. 관리만 잘해도 입소문으로 이어졌고, 시즌에 맞춰 홍보만 해도 괜찮던 시절이 있었기 때문이다. 수년 전부터 여러 업종에서 온라인 마케팅 성공 사례가 쏟아져 나왔음에도 불구하고 눈길조차 주지 않은 곳이 학원이었다. 교육자로서 거부감을 가지는 특수함도 한몫했다.

그러나 지금 상황은 급변하고 있다. 학원, 공부방, 과외가 많아지면서 경쟁은 커지고 있지만 이에 반해 학생들은 소수 정예, 개별 맞춤화되면서 수익성은 악화되고 있다. 자유학년제 확대 시행은 학원 시장에 결코 긍정적인 신호가 아니다. 팀 프로젝트형 수업(PBL, Problem

Based Learning), 수행평가, 토론 수업, 영어 절대평가 시행, 학생부 종합 전형 확대는 학원의 생존을 위한 차별화와 구조 조정 시기를 앞당길지도 모른다. 무엇보다 해마다 줄어드는 학생 숫자는 학원 전체 시장의 큰 위협이다.

이런 상황에서도 온라인 마케팅으로 효과를 톡톡히 보는 학원이 늘고 있다. 어떤 학원은 상위 노출된 지역을 대표하는 키워드가 오랫동안 효자 노릇을 하고 있고, 어떤 실패를 경험한 프랜차이즈 학원은 마케팅을 거쳐 새롭게 오픈해 지역을 대표하는 학원으로 성장해 있다. 몇 년간 별다른 변화 없이 유지만 하다가 새로 들어서는 대규모 아파트 단지를 공략해 급성장한 사례도 있다. 우리 학원 주변에서도 쉽게 만날 수 있을 정도로 흔하게 들려오는 이야기다.

사실 몇 년 전까지만 해도 학원가에서 온라인 마케팅은 불모지에 가까웠다. 상대적으로 치열한 대치동을 제외하고는 다른 지역으로 확산이 더뎠다. 하지만 최근 분위기는 사뭇 다르다. 대치동의 성공 경험을 다른 지역에도 접목해 분원을 가볍게 한다거나 대형 프랜차이즈 학원들이 본사의 마케팅 지원을 받으며 손쉽게 안착하고 있다. 여기에 성장에 목마른 발 빠른 학원장들이 동참하면서 신도시를 중심으로 확산되는 분위기다. 목동·중계·잠실·분당·일산·평촌 학원가는 물론이고 동탄·위례·미사 신도시를 비롯한 전국의 대규모 아파트 밀집 지역이 모두 온라인 마케팅 격전지로 변하고 있다. 그럼에도 불구하고 다른 업종에 비하면 여전히 초기 단계에 가깝다.

학원 업계가 온라인 마케팅을 뒤늦게 시작한 데는 나름의 이유가 있을 것이다. 바쁜 스케줄, 다소 보수적인 업계 성향, 외부에 맡기기 쉽지 않은 속사정 등을 유추해 볼 수 있다. 마케팅 전문가들은 상위 노출 경험은 풍부하지만 학부모를 설득할 만한 교육적인 지식을 가지고 있지 않다. 직접 하기에는 힘이 부치고 그렇다고 외부에 맡기자니 부담스러운 게 학원 마케팅의 현실이다. 그럼에도 불구하고 누군가는 선점 효과를 톡톡히 누리고 있다. 어느 시장이나 선점한 사람들은 조용하고 은밀하게 성과를 내며 성장해 나가고 있다.

지금부터라도 온라인 마케팅을 해야 할 이유는 분명하다. 모든 정보를 인터넷으로 얻고 결정하는 시대가 되고 있기 때문이다. 학부모 모임에서조차 카카오톡으로 학원 정보를 공유한다.

스마트폰 검색에 나오지 않은 학원은 교육 트렌드를 따르지 못하는, 어딘가 부족한 학원이라는 평가를 받을 날이 머지않았다. 학부모의 선택 방식도 변하고 있다. 과거에는 소개가 곧 등록으로 이어졌다면, 이제는 검색을 통해 한 번 더 확인하고 최종 결정은 아이 스스로 하게 하는 엄마가 늘어나고 있다.

우리 지역으로 이사 온 학부모 대부분이 그랬다. 이사가 결정되자 가장 먼저 지역 대표 카페에서 학원 정보를 묻고 블로그를 검색했다. 이사 후에는 곧바로 다닐 수 있도록 온라인으로 사전 조사를 하며 서너 군데를 결정했다. 그리고 방문을 위해 학원 위치까지 꼼꼼히 체크했다.

이러한 시기에 온라인 마케팅을 하지 않는 것은 성장을 포기하겠다는 말과 다름없다. 만약 우리 지역에서 아무도 진행하지 않고 있다면 다행이라 여기고 먼저 시작하자. 시장 선점 효과를 톡톡히 볼 것이다. 누군가 먼저 하고 있더라도 더 이상 뒤처지지 않도록 합류해야 한다. 늦어질수록 나중에는 몇 배의 노력이 필요할지도 모른다.

<u>온라인 마케팅을 포기하면
학원이 성장할
절반의 기회를 잃을지도 모른다.</u>

Tip 1
신규 개원, 기존 학원, 프랜차이즈 학원별 운영 가이드

나는 프랜차이즈 학원에서 근무하면서 브랜딩과 개별 학원 마케팅을 동시에 진행했다. 그로부터 추출된 결론이 있다. 학원은 지역별 특성을 많이 탄다는 것이다. 규모가 크고 인지도가 있는 프랜차이즈 학원도 지역마다 성과가 다르게 나왔다. 학원 규모가 크고 본사 브랜딩이 잘되어 있어도 지역에서 마케팅을 하지 않으면 성장하는 속도가 더뎠다. 반대로 온라인 마케팅에 집중했을 때 본사 브랜딩의 힘이 더해져 가파르게 성장했다.

아무리 규모가 큰 학원 브랜드라도 모든 학부모가 알 거라고 생각하면 오산이다. 반대로 생각해 보면, 지역에서만 운영하는 소규모 학원도 강자가 될 수 있다는 이야기다. 그래서 전략이 필요하다. 대형 학원 브랜드는 본사에서 어떻게 브랜딩을 할 것인지, 프랜차이즈 학원과 연합을 할 것인지, 오랫동안 지역에서 운영해 오던 터줏대감 격의 학원은 어떻게 변화를 꾀할 것인지, 신생 학원은 개원 후 어떻게 자신을 알릴 것인지를 고민해야 한다. 신규 학원은 교육 트렌드를 내세워서 초기 정착에 몰입해야 하고, 기존 학원은 안정적인 실적을, 프랜차이즈 학원은 시스템을 강조해야 한다.

'표준화된 지침서를 만들 수는 없을까?'

고민 끝에 신규 개원, 기존 학원, 프랜차이즈 학원으로 분류해서 3가지 정도 공통된 무언가를 만들 수 있었다. 다만 구체적인 전략과 진행 방법은 책에서 규정하기에 무리가 있다. 무엇보다 변수가 많다. 컨설팅을 진행하면서 지속적으로 업그레이드해 나갈 계획이다.

큰 틀에서 다룰 주제는 다음과 같다.

▶ 신규 개원 : 신규 개원 15일 전, 효과적인 초기 마케팅 실전 팁
▶ 기존 학원 : 잘나가는 학원이라는 인식을 심어라
▶ 프랜차이즈 학원 : 본사 공식 블로그와 효과적인 협업 방법

자료는 '학마연(http://cafe.naver.com/haenae/)' 카페에서 무료로 받을 수 있다.

딱 한 명이 내게 주는
수익을 생각하라

한 학원장이 여느 날처럼 커피숍에 들렀다. 커피숍 주인 역시 반갑게 그를 맞이했다.

이 둘은 7년째 얼굴을 마주하고 있다. 커피를 좋아하는 학원장이 매일 출근길에 아메리카노 한 잔을 주문하기 위해 커피숍에 들르는 탓이었다. 학원장에게 커피숍은 학원 전단지 비치를 허락해 준 보은의 공간이었고, 커피숍 입장에서 학원장은 매일같이 찾아 주는 고마운 손님이었다.

학원장은 오늘만큼은 독특하게 주문하기로 마음먹고 커피숍 주인에게 이렇게 말했다.

"오늘은 700만 원짜리 아메리카노가 땡기네요. 그걸로 한 잔 주세요!"

순간, 들어올 때 반갑게 인사하던 주인의 표정이 묘하게 변했다. 어색한 웃음, 주인은 생각했다.

'도대체 이 원장은 무슨 생각으로 이런 주문을 한 거지?'

강민호의 『변하는 것과 변하지 않는 것』에 나오는 내용을 학원장의 입장에서 각색해 봤다.

이 원장은 무슨 마음에서 이렇게 주문할 걸까? 원장의 마음을 알아보기 위해 그동안 원장이 이 카페에 들러 지출했을 비용을 뽑아 보기로 했다. 손쉬운 계산을 위해 아메리카노 가격은 5,000원, 혹시 학원이 쉬는 날이나 마시지 않은 날이 있을까 싶어 1년에 200일만 마셨다고 가정했다. 계산을 해 보면 1년에 100만 원, 7년 동안 이어 왔으니 총지출은 700만 원이다. 신규 상담이 밀릴 때면 기다리는 학부모들에게 커피 쿠폰을 줬을 테고, 가끔은 교사들에게도 한 턱을 냈을 테니 어쩌면 더 많은 비용을 썼을지도 모른다. 하지만 카페 주인은 그를 고작 5,000원짜리 단품 구매자로 본 것이다. 카페 주인이 그의 예상 소비 금액을 알았다면, 그래도 같은 표정을 지었을까? 즉시 조각 케이크라도 서비스로 주고 싶어 하지 않았을까?

고객 생애 가치(Customer Lifetime Value)라는 것이 있다. 소비자가 평생에 걸쳐 구매할 것으로 예상되는 이익 흐름에 대한 현재 가치를 이르는 마케팅 용어다. 쉽게 말하면, 소비자 한 명이 하나의 상품 또는 특정 기업의 상품만 지속적으로 구매하면서 발생시키는 수익의 총합계를 말한다. 이런 사례는 주변에서 흔하게 볼 수 있다. 몇 년째 아이폰만 고집하는 사람이 수두룩하기 때문이다.

학원은 고객 생애 가치가 큰 업종에 속한다. 학원에 들어오는 학생들은 대체로 최소 3개월에서 길게는 5, 6년 동안 다니기 때문이다. 학원의 고객 생애 가치는 재원생이 다녔던 기간에 월 수강료를 곱하면 나온다. 이 계산법에 따르면 어떤 학생은 1,000만 원이 넘어가는 경우도 생긴다. 오래 붙들어 놓을수록 고객 생애 가치는 증가한다. 학원에서 재원생 관리에 온갖 정성을 다하는 이유가 여기에 있다. 동생이나 친구까지 따라 들어오면 수익은 점차 늘어난다.

학원 업계가 마케팅에 매진해야 하는 이유가 여기에 있다. 단 한 명이 주는 수익이 쌓여 가면서 학원을 성장시킨다. 그럼에도 불구하고 원장들에게 온라인 마케팅을 해 보자고 제안하면 대체로 이런 반응을 보인다.

"우리 지역은 인터넷으로 검색하는 엄마들이 없어요."
"어려워요."
"효과를 모르겠어요."

학원을 검색하는 숫자가 작은 건 사실이다. 학원가 밀집 지역이나 신도시가 아니라면 보통 학원을 검색하는 횟수가 한 달에 100건을 넘지 못한다. 하지만 반대로 생각하면 한 달에 열 명, 스무 명은 검색을 한다.

    키워드를 다양하게 발굴하는 것이 온라인 마케팅의 핵심 전략이다. 적절한 키워드와 매력적인 메시지가 함께한다면 마케팅 성과는 나온다. 한 달에 몇 명만 꾸준히 유입되어도 성장하는 것이 학원의 특성 아닌가. 한 달에 한 명만 모집한다는 마음으로 시작해 보자. 기대 이상의 결과가 나올 것이다. 나의 경험에 의하면 분명하다.

    잠시 학부모 입장으로 돌아가서 우리 지역 학원을 검색해 보자. 원하는 학원의 정보와는 다른 글들이 상단에 노출되어 있을 것이다. 학원이 방치한 검색 키워드에는 어김없이 과외, 부동산, 인테리어 관련 글이 차지한다. 학부모는 학원을 찾지 못하고, 학원은 고객을 놓치는 상황인 것이다.

    아직도 온라인 마케팅을 할지 말지 여부를 고민하고 있다면 딱 한 명이 내게 주는 수익을 생각해 보길 바란다. 그리고 기억에 새기자. 예비 고객은 온라인에 분명히 있다. 내가 발견하지 못했을 뿐이다.

고가의 상품을 팔면서
마케팅을 하지 않을 수 있는가?

선점하라,
성장의 기회가 될 것이다

겨울 시즌을 앞둔 어느 날 학원장에게 연락이 왔다. 곧 입주가 시작되는 아파트 단지를 공략하고 싶다고 했다. 학원에서는 조금 먼 거리지만 통학 차량을 배치해서 몇 명이라도 모집하고 싶다고 했다. 나는 카메라를 챙겨 들고 학원을 방문했다. 아이들의 수업 장면부터 학원 차량을 통해 인솔하는 장면까지 곳곳에서 학원의 특징을 담고 있었다. 그때 교실 유리창 너머로 교사가 학생에게 일대일로 무언가를 설명하는 모습이 보였다. 노트를 돌돌 말아 이야기하는 모습이 무언가 원리를 알려 주는 것 같았다. 포물선의 원리를 설명하기 위해 교실 뒤편으로 공을 던져 떨어지는 모습을 직접 시연했다는 외국 교사의 사례가 생각났다. 그 모습을 포함하여 학원의 프로그램 특징과 안전 문제까지 담아서 학부모가 검색하는 키워드 몇 개를 노출시켰다.

몇 달이 지난 어느 날, 다시 만난 원장은 연신 고맙다며 말을 이었다. 그는 몇 년간 원생 수가 제자리걸음이었는데 불과 몇 달 만에 100명 가까이 원생이 들어왔다며 활짝 웃었다.

학원의 성패는 좋은 강사진에 달려 있다. 양질의 교육을 하기 위해서는 당연히 좋은 선생님의 지도와 관리가 있어야 한다. 문제는 직접 경험해 보지 않고서는 그 사실을 알기 어렵다는 데 있다.

그동안 학원 마케팅은 입소문에 의해 은밀하게 이뤄졌다. 학원생이 늘어나면 혹시나 내 아이에게 소홀해질까 싶어서였다. 그래서 성장하는 데 상당한 시간이 필요했다. 하지만 지금은 상황이 다르다. 온라인으로 학원을 검색하는 학부모가 늘고 있다. 당연히 앞으로도 늘어날 것이다. 문제는 방법이다. 과거에는 어설픈 후기에도 반응했지만 시대가 변하면서 학부모들에게 광고와 정보를 구분하는 능력이 생겼다. 이러한 변화에 학원들은 몸을 움츠리고 있다. 하지만 이것을 틈새시장이라 생각하고 온라인 마케팅으로 성과를 보는 학원들이 있다. 경쟁이 심하지 않으니 너무도 편안하게 입지를 다져 나간다.

온라인 마케팅 효과를 가장 많이 볼 수 있는 곳은 단연 신도시다. 입주자들은 마땅히 물어볼 지인이 없으니 온라인 카페나 검색창을 통해 정보를 찾는다.

정보에 목마른 학부모에게 약간의 차별점을 제시한다면 관심을 가지기에 충분하다. 지역이나 학원 프로그램에 따라 편차는 있지만 세 자리 수 원생으로 시작할 수도 있다. 여기에 실제 다녀 본 사람들의 평판까지 긍정적이라면 더욱 성장할 수 있다. 신도시에는 학원이 끊임없이 들어선다. 시간이 지나면 경쟁이 치열해질 수밖에 없다. 그래서 초반에 어떤 이미지를 심어 놓느냐가 중요하다. 그 역할을 온라인 마케팅이 할 수 있다. 학부모가 검색하는 키워드에 우리 학원의 우수성을 노출하기만 하면 알아서 상담 요청이 들어온다.

학원가 1번지는 대치동이다. 학부모들은 대치동에서의 경험을 선호한다. 이런 특성을 이용해 대치동을 선망하면서도 보낼 수 없는 외부 지역 학부모들을 손쉽게 공략하는 학원들이 있다. 대치동에서 온라인 마케팅을 치열하게 해 봤던 경험을 살려 중계·위례·분당으로 확장해 간다. 대치동 출신을 강조하는 문구로 온라인으로 적극 홍보하며 성장하고 있다.

아직도 잘 지도하는 것만을 교육의 미덕으로 알고 힘겨워하는 학원이 적지 않다. 그런데 막상 주변을 보면 마케팅의 지원 없이 품질만으로 히트를 치는 상품은 드물다. 교육도 마찬가지다. 잘 가르치고 관리하는 것이 중요하다. 그 중요성을 알기에 우리 주변에 있는 모든 학원이 그렇게 하고 있다. 문제는 학원에 대한 신뢰성 있는 정보를 학부모가 인지하기 어렵다는 데 있다.

물론 온라인 마케팅도 불확실성을 가지고 있다. 정확히 무엇을 일마나 실행해야 얼마큼의 성과가 오는지를 뚜렷하게 제시할 수 있는 전문가를 찾아보기 어렵다. 그래서 많은 이가 적극적으로 하지 않는 것일지도 모른다. 하지만 확실한 것도 있다. 실행을 해야 성장의 기회가 온다는 것이다. 지금 바로 책을 덮고 1분만이라도 자신의 상황을 되돌아보자. 나는 지금 기회를 보고 있는 것일까?

<u>드러내 홍보하기 힘든 학원가에서도
누군가는 온라인 마케팅으로
은밀하게 성과를 내고 있다.</u>

뚜렷한 전략이
성과로 이어진다

　메가스터디 초·중등 부문 엠베스트 김성오 대표는 약사 출신으로, 마산의 어느 구석진 지역에 4.5평 남짓의 약국을 열었더랬다. 육일약국. 개원을 했으나 손님이 너무 없어 한 명의 소중함을 뼈저리게 느꼈다고 그는 당시를 회상하며 말했다. 그가 취한 전략은 간단했다. 어떤 가게든 한 명의 손님은 오기 마련이니 그 한 명을 귀하게 여기고 최선을 다하자. 환자를 고객으로 보고 실현 가능한 전략을 세워 약국을 경영한 것이다.

　10년 후 육일약국은 마산역으로 이전해 13명의 약사를 둔 기업형 약국으로 성장했다. 이후 제조업체인 영남산업을 인수해 4배로 성장시킨 다음에 학원가로 들어와 엠베스트를 설립했다.

학원가도 한 칸짜리 교습소로 시작해 수십 명의 교사를 둔 학원으로 성장한 사례는 수없이 많다. 이렇게 성공하는 학원에는 반드시 무언가가 있다. 바로 '끌림'이다. 그 끌림이 문제 해결일 수도, 불안감 해소일 수도, 성적 향상일 수도 있다. 학부모를 끌리게 하는 무엇, 그걸 가지고 있느냐가 중요하다. 하나의 예시를 더 들어 보자.

전화 통화로 들려오는 목소리만 들어도 원장의 기분이 좋다는 걸 느낄 수 있었다. 그녀는 묻기도 전에 조금 전에 있었던 이야기를 들려줬다. 자녀가 특목고를 가면 좋겠는데, 아무래도 이 동네에서는 여기 학원이 가장 맞을 것 같다는 거다. 최근 들어 이런 문의가 늘어나고 있다며, 점차 특목고 학원으로 인식하는 학부모가 늘어나는 것 같다고 했다. 그동안 특목고 설명회와 학생부 관리 요령을 간담회 형식으로 진행한 걸 블로그에 꾸준히 올렸더니 어느새 특목고 이미지가 조금씩 생겨난 것이다.

이 학원은 강북에서도 비교적 외곽에 위치해 있다. 지역적으로 서울 강북은 강남에 비해 특목고에 취약하다. 목동과 중계동을 제외하면 도드라진 실적을 내는 곳은 그리 많지 않을 것이다. 하지만 어느 지역이나 더 높은 목표를 가진 학생과 학부모는 존재하기 마련이다. 머지않아 이 학원은 조금씩 상위권 아이들을 흡수하게 될 것이다.

지금 자신의 학원을 살펴보자. 다른 학원과 비교했을 때 조금이라도 다른 경쟁력이 있는가?

전국적으로 이름이 알려져 있지는 않지만 지역을 대표하는 학원은 많이 있다. 이런 학원들은 원생을 선별해서 받을 정도다. 문턱을 만드는 것이다. 문턱은 학부모들로 하여금 자신의 자녀를 보내고 싶어 하게 하는 요소다. 이제 막 개원하는 학원이 이 틈을 비집고 들어간다는 건 쉬운 일이 아니다.

색이 뚜렷한 학원이라면 불가능한 것도 아니다. 나의 경우 교육 트렌드에 맞는 차별화된 수업 방식을 어필하기로 했다. 기존 학원과 '다르게 보이기', '구체적으로 보이기'라는 전략을 세웠다. 학원명을 이야기하면 떠오르는 용어와 슬로건을 만들고, 수업의 특징이 드러나는 사진을 촬영했다. 이후에는 온라인으로 검색하는 지역 학부모들에게 널리 알리는 작업을 진행했다.

몇 달 후 진행한 프로그램 설명회에 많은 학부모가 찾아왔다. 그리고 빠르게 성장하기 시작했다.

학원 색이 선명해지면 오프라인 상담 시간이 줄어든다. 이미 온라인을 통해 많은 정보를 알고 왔기 때문에, 학부모들은 자신이 알아본 것이 맞는지만 상담을 통해 확인한다. 자녀의 교육을 지속적으로 살펴본 학부모들을 짧은 시간 안에 설득하는 건 쉽지 않다. 온라인을 통해 이미 설득된 채로 방문하는 학부모와의 상담이 얼마나 즐거운 일인지 더 많은 학원장이 느꼈으면 하는 바람이다.

온라인 마케팅을 단순히 상위 노출 작업이 아니냐며 폄하하는 원장을 여럿 봤다. 입소문은 오프라인이라는 신념이 강해 보였다. 그 전략이 나쁘다는 게 아니다. 다만 효율이 떨어진다. 가끔이 아닌 상시적으로 찾아올 수 있는 환경을 만드는 것이 중요하다. 그리고 반대로 생각해 볼 필요도 있다. 오프라인에서 입소문이 나는 학원이라면 온라인에서 더 많은 호응을 얻을 수 있지 않을까?

<u>마케팅은 공부가 아니라 훈련이다.</u>
<u>우리 학원만의 색을 만들어 전파해야 한다.</u>

2장.

성공하는 학원장들의 은밀한 시간

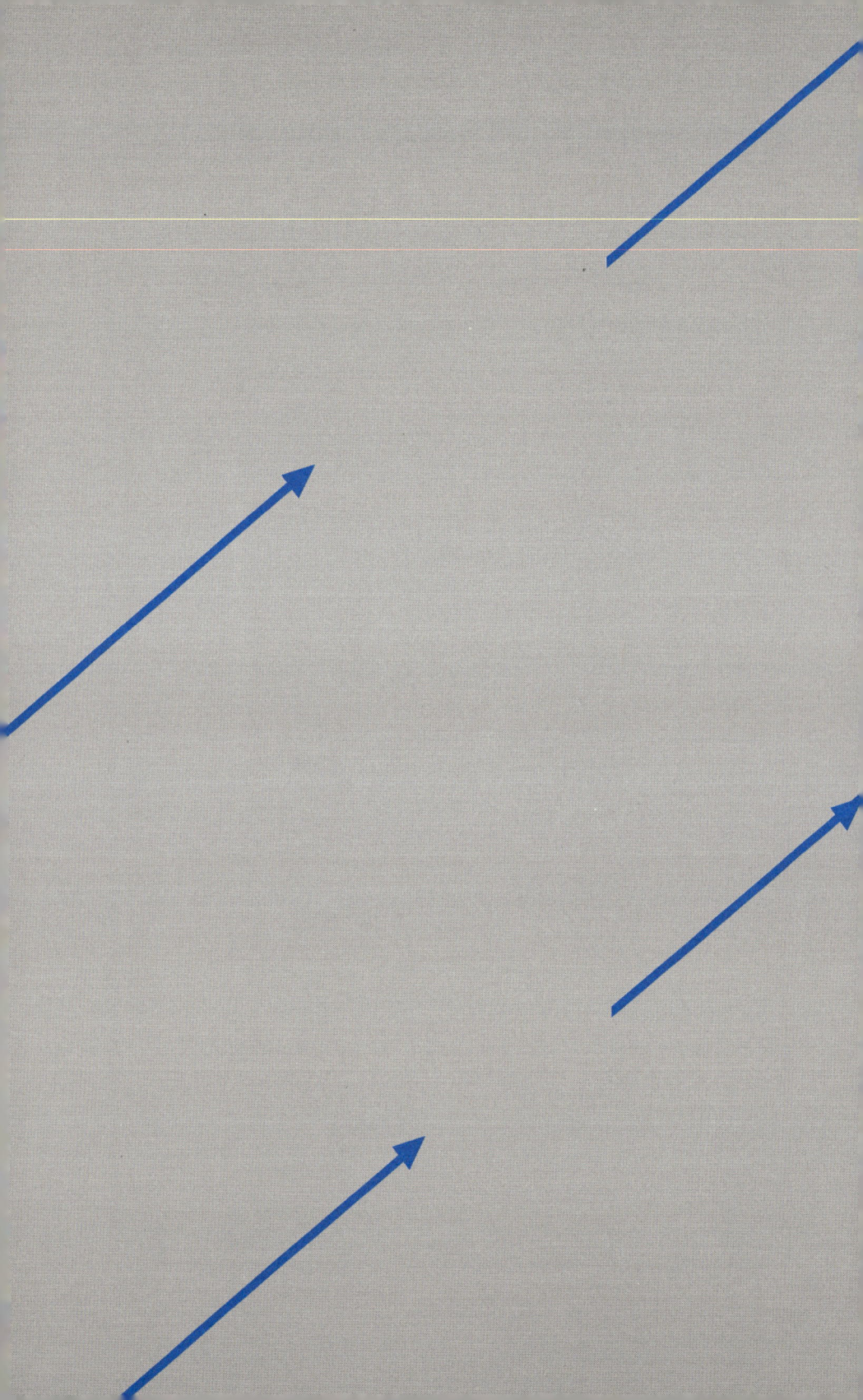

1
성장하는 학원의
비밀

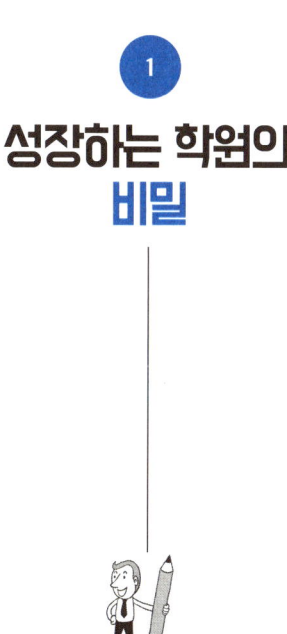

"제가 전에 다니던 학원 3개가 없어졌어요. 여기만 남았어요."

마케팅을 봐주던 학원 로비에서 한 중학생이 원장에게 건넨 말이다. 무심코 던진 그 학생의 한마디에서 학원가의 위기를 느낄 수 있었다.

수업만 잘하면 되던 시절이 있었다. 그 시절은 지금처럼 경쟁도 치열하지 않았다. 대형 학원이 우후죽순 생겨나는 동안에도 말이다. 그러니 마케팅을 몰라도 큰 문제가 되지 않았다. 시즌이 다가올 때마다 디자인이 엉성한 전단지를 돌렸음에도 꼭 몇 명은 찾아와 줬다. 입소문이라도 나면 학부모가 알아서 몰려왔다. 접수대가 아수라장이 되어도 흠이 되지 않던, 봄바람 같은 시절이 있었다.

요즘 학원가 분위기는 그때와 크게 다르다. 경쟁이 심해졌고, 아파트 단지마다 가정집을 개조한 과외나 공부방이 한 동 건너 하나씩 들어선다. 학원 간판이 보이지 않는 상가 건물을 찾아보기 어려울 정도다. 엎친 데 덮친 격으로 한 학년에 60만 명을 훌쩍 넘기던 학생 수는 급격히 줄어 40만 명도 깨진 상태로 몇 년간 지속되고 있다. 교실 가득 아이들을 모아 놓고 수업하던 방식도 개별 맞춤으로 변한 상태다.

이런 변화에 대형 학원들은 속절없이 무너지거나 규모를 축소하고 있다. 중소형 학원들이라고 다를까? 오히려 갈수록 위기감이 가중되고 있다.

이런 상황에도 홍보와 상관없이 성장하는 학원들이 있다. 흔한 전단지 한 장 돌리지 않아도 어디서 어떻게 알았는지 학부모들이 알아서 척척 찾아온다. 이 학원들의 성장 비결은 무엇일까?

가장 먼저 떠오르는 비결은 '시스템'이다. 실력 있는 강사진과 체계적인 강의 시스템으로 학생 개개인의 성취도를 면밀하게 관리한다. 자녀의 학업 상태를 데일리(Daily)에 꼼꼼하게 담아서 학부모와 긴밀하게 교류하기도 한다. 자연스럽게 신규 유입은 늘고 퇴원생은 줄어들면서 성장하는 구조를 가진다. 언뜻 쉬워 보이지만 탄탄한 강사진부터 시스템 구축까지, 어느 하나 쉽지 않다는 걸 우린 알고 있다.

타깃을 잘 잡은 경우도 있다. 최근에 여자아이가 대부분인 미취학

· 초등 미술 학원 시장에서 남자아이만 고집하는 학원이 생겨났다. 이 학원장은 시장에서 틈새를 본 것이다. 원장은 TV에도 출연하는 등 세간의 주목을 받으며 현재 성장 가도를 달리고 있다.

교육 트렌드에 살짝 얹어 가는 곳도 있다. 과거에 자기 주도 학습이 그랬고, 근래에는 플립 러닝이 그렇다.

이 밖에도 자신만의 강점을 만들어 강소 학원으로 성장하는 경우는 수없이 많다. 비결은 앞서 언급한 것 외에도 여러 가지가 있을 것이다. 분명한 건 학부모들로 하여금 학원을 선택하게 할 만한 무언가가 반드시 있다는 것이다. 마케팅에서는 이것을 차별화라고 한다.

사이트 '야후'의 부사장 출신이자 마케팅 전문가인 세스 고딘은 경쟁이 치열해지는 시장에서 최종 승리자가 되기 위해서는 '보랏빛 소'가 되어야 한다고 말했다. 보랏빛 소여야 평범한 소 떼 사이에서 주목받는다는 것이다. 이것이 '차별화'고 '다름'이고 '포지션'이다. 성장하는 학원들은 각자의 '보랏빛 소'를 품고 있을 것이다. 여기서 우리 학원의 상황을 살펴보자. 학부모 입장에서 소중한 자녀를 맡길 만한 특별한 무언가를 보여 주고 있는가? 떠오르는 무언가가 없다면 지금부터 고민해야 한다.

세스 고딘이 말했다. "아무리 노력해도 생각만큼 좋은 성과가 나오지 않는다면 그것은 게임의 규칙이 바뀌었기 때문이다. 하지만 그런 사실을 이야기해 주는 사람은 없다"고.

학원가는 노하우 공유가 많지 않은 편이다. 학원장 커뮤니티에서 해 주는 마케팅 교육에 원장이 수백 명씩 몰리는 이유도 여기에 있다. 그러나 항상 교육은 실천까지 이어지지 않는다. 실행 방법이나 성과를 본 사례까지 공유되지 않기도 하지만 교육을 듣더라도 실천하는 원장이 실제로 적다. 마케팅을 해야겠다는 마음은 있지만 제자리로 돌아가면 다시금 뒷전으로 밀려 버린다.

마케팅은 세무회계처럼 늘 챙겨야 하는 분야다. 학원 경영에서 지출과 수익 관리를 생각하지 않을 수 없는 것처럼 성장을 위해서는 마케팅이 필수적이다. 그럼에도 둘을 대하는 원장의 태도는 극명하다. 세무회계는 전문가에게 맡기면서도 혹시 발생할지 모르는 불필요한 지출이나 세금 폭탄을 피하기 위해 원장이 하나하나 꼼꼼히 챙기지만, 마케팅은 보통 때는 미뤄 놓다가 특정 시즌이 되면 급하게 서둘러서 효과만 보려고 한다. 당연히 급하게 서두른 마케팅이기에 제대로 된 성과는 기대할 수 없다. 세무회계는 매일 챙기지만 마케팅은 '언젠가'라는 마음 상태로만 존재한다. 적은 금액 손실에 민감하면서 마케팅을 통한 큰 수익 확장에는 전혀 민감하지 않은 게 현재 학원장들이다.

마케팅에 민감하지 않은 학원장들에게 한 가지 제안을 하고 싶다. 바로 마케팅 타임을 만들어 보는 것이다. 학원장은 바쁘다. 그렇지만 미룰 수도 없는 것이 마케팅이다. 하루 중 일정 시간을 마케팅에 할애해 보는 것이다. 중요한 건 조금이라도 매일 하는 것이다. 어느 분야든 성공의 핵심은 지속성에 있다. 3개월, 6개월, 1년간 꾸준히 마케팅을 고민하고 실행하면 학원이 변해 가며 성장하는 경험을 하게 될 것이다.

'우리 학원의 특징을 어떻게 전달해야 할까?' 마케팅 타임에는 이것만 생각하자. 그리고 은밀하게 마케팅에 활용하자.

<u>하루 30분, 마케팅 타임이
우리 학원의 성장 타임이다!</u>

2
하루 30분,
100일이면 충분하다

대형 서점에 가 보니 "하루 30분만 실천하라"는 책이 수두룩하다. 얼마나 실천하지 않으면 15분, 30분이라는 구체적인 시간까지 제안할까? 책을 쓴 저자 입장에서는 하루 30분만 꾸준히 해도 효과가 있다는 걸 경험했을 테다.

그런데 30분 동안 뭘 할 수 있을까?

30분. 짧은 듯 보이지만 생각보다 효과적일 수 있는 시간이다. 지역 카페를 둘러보며 마케팅 트렌드를 파악하거나 짧게나마 블로그를 작성할 수 있다. 온라인 마케팅의 성패 여부는 질 좋은 하루하루의 포스팅에서 갈리는 경우가 많다.

사실 대부분의 학원장은 마케팅에 대한 열망이 뜨거운 반면 실천하는 온도는 대단히 차가운 편이다. 늘 필요성은 느끼지만 시도하지 않는다. 시도조차 해 보지 않고 자신은 할 수 없다고 생각하거나 금세 포기를 하기도 한다. 무슨 일이든 실천하지 않거나 꾸준히 하지 않는다면 발전할 수 없다.

100일이라는 기간은 묘하다. 우리 일생을 돌아봐도 100일은 나름의 의미가 있다. 아이는 태어나고 100일째가 되면 부모의 가까운 지인들에게 축복을 받는다. 남녀가 사귄 지 100일째가 되면 커플링을 만들고, 해마다 찾아오는 수능 100일 전에는 유명 사찰에 어머님들이 찾아가 합격을 기원하는 기도를 드린다.

사실 온라인 마케팅에서도 100일은 의미가 있다. 매출을 가늠하는 기준선이기 때문이다. 경험 많은 마케터들에게 100일은 튼튼한 주춧돌을 까는 세팅의 기간이다. 이 기간에 어떤 활동을 했느냐에 따라 성과의 크기가 달라진다. 블로그 전문가들은 대표 키워드보다 검색량이 적더라도 세부 키워드를 훨씬 충실하게 작업한다. 그렇게 하나씩 깔아 놓은 키워드들이 모여서 가시적인 효과로 나타나는 시기가 대략 3개월이 넘어서는 100일 전후다. 학원 업계는 온라인 마케팅 경쟁이 심하지 않으므로 기본적인 로직만 익히더라도 100일 전에는 얼마든지 성과를 낼 수 있다.

그러니 100일에 나름의 의미를 부여해 보는 건 어떨까? 물론 고비가 있을 것이다. 하지만 그 고비의 기간은 달리 생각해 보면 자신감을 심어 주는 기간이 될 수도 있고, 마케팅 능력이 몸에 스스로 자리 잡는 기간이 될 수도 있다.

　온라인 마케팅은 영어나 수학을 공부하는 만큼의 노력은 아니더라도 실전 연습은 반드시 필요하다. 영어 문법 책 한 권을 공부했다고 영어 회화를 자연스럽게 구사하기 어렵듯, 수학 개념을 이해했다고 수학 문제를 보자마자 술술 풀어낼 수 없듯, 블로그도 어느 수준까지는 실전 경험이 반드시 필요하다.

　해 보니 효과가 없었다고 말하는 학원장들이 있다. 그래서 그들이 운영하는 학원 블로그를 들여다보면 부족한 부분이 한눈에도 쉬이 드러난다. 키워드를 망각한 채 포스팅한 경우도 있었고, 이 학원으로 보내야겠다는 마음이 들지 않을 정도의 광고 글 몇 개가 전부인 경우도 있었다. 답답하고 안타까웠다. 공부 안 하는 학생을 보는 교사의 기분이 이럴까 싶었다.

　그렇다. 문제는 실천 방법이다. 마케팅을 처음 해 본 사람에게 아무런 방법도 알려 주지 않고 하루 30분, 100일 동안 실천하라고 하면 막막하다. 학원장마다 처한 상황도 다르다. 그동안 100여 명의 학원장과 교사에게 온라인 마케팅 강의를 하면서 난감했던 적이 한두 번이 아니었다. 같은 공간에 모여 있는데 각자 상황이 다르다. 온라인 마케팅을 할지 말지를 고민하는 사람에게는 필요성을 주장해야 했고, 조금의 경험이 있는 사람에게는 상위 노출 노하우를 알려 줘야 했다. 의외로 대부분이 자기만의 콘텐츠를 가지고 있지 않아 콘텐츠를 생산하는 방법까지 설명해야 했다. 무엇보다 컴퓨터에 익숙하지 않은 원장이 생각보다 많은 탓에 교육의 효율이 높지 않았다.

이 모든 상황을 해결할 수 있는 방법은 꾸준한 트레이닝이다. 찰스 두히그는 『습관의 힘』에서 "습관은 어떤 지점까지는 의식적으로 결정하시만 시간이 흐르면 거의 매일 반복하게 되는 선택"이라고 했다. 온라인 마케팅도 시간을 정해서 의식적으로 하다 보면 습관으로 이어질 수 있다. 무슨 일이든 처음부터 큰 성과를 내기는 어렵다. 꾸준함에 장사 없다. 습관이 되면 어느 순간 성과로 이어질 것이고, 이를 계기로 지속할 수 있는 힘을 갖게 될 것이다. 이러한 작업을 통해 학원 운영에 변화를 가져올 수만 있다면 망설일 이유가 없지 않을까?

<u>온라인 마케팅 성과는
질 좋은 하루하루 포스팅의 결과다.</u>

성공하는 학원장은
마인드가 다르다

지금부터 100일 동안 마케팅을 해 보겠다는 마음이 생겼다. 곧바로 블로그를 만들고 홍보에 집중했다. 노출이 우선이라는 생각뿐, 무엇을 전달할지 어떻게 설득할지는 뒷전이었다. 특정 키워드만 반복해서 올렸고, 머릿속에는 오로지 상위 노출만이 떠올랐다.
"제발 얻어걸리길!"

온라인 마케팅에서 상위 노출이 차지하는 비중이 절대적이라는 사람이 많다. 어느 정도는 맞는 말이다. 제한된 콘텐츠만 노출하는 한정된 공간을 두고 여러 학원이 경쟁하는 구조이기 때문이다. 노출은 곧 비용과 연결된다. 외부에 맡긴다면 대행 수수료를 줘야 하고, 직접 운영

한다 해도 기회비용이 발생한다. 더 많이 노출되면 보는 사람도 늘어날 테니 방문자가 늘 거라고 생각한다. 그러니 상위 노출을 1순위로 생각하는 것이다. 하지만 나의 생각은 조금 다르다.

그간 성과를 낸 케이스를 살펴보면 '우리 학원만의 분명한 색'을 가지는 것이 상위 노출보다 중요했다. 이것이 학부모에게 우리 학원이 어떻게 인식되는가 하는, 가장 기본적이면서도 근본적인 문제다. 학부모는 자녀의 문제를 해결해 줄 수 있는가를 묻는다. 이에 대한 명확한 해답을 제시하는 것이 상위 노출보다 우선되어야 하는 것이다.

지금부터는 상위 노출을 2순위나 3순위로 바꾸기를 권한다. 어떤 학원으로 인식되길 바라는지, 그러한 느낌을 받기 위해서는 무엇을 전달해야 하는지가 우선시되어야 한다. 학원은 다른 업종과 동일한 방법으로 상위 노출 경쟁을 해서는 안 된다. 타 업종에 비해 상위 노출이 매출과 연결되는 빈도가 현저히 낮다. 상위 노출을 1순위로 생각하면 그 안에 담을 내용에 신경을 덜 쓰게 된다. '찌라시' 같은 광고가 실리거나 다짜고짜 무조건 우리 학원이 좋다는 말뿐일 수 있다. 학부모는 학원을 고르는 기준과 온라인으로 다른 상품을 구매할 때의 기준을 달리 둔다. 옷을 살 때는 예쁘면 바로 구매하지만, 학원은 블로그에 노출된 글을 한참 들여다본다고 해도 곧바로 선택하지 않는다. 가 보니 좋다고 말하는 다른 학부모의 후기도 맹목적으로 믿지 않는다. 반대로 학원 홍보도 무조건 배척하지 않는다. 어떤 형태로든 반드시 검증 과정을 거치려 한다. 상위 노출이 필요하지만 올 인해서는 안 되는 이유가 여기에 있다.

신도시 개원을 앞두고 마케팅을 위해 지역 카페에서 활동한 적이 있다. 당시 지역을 대표하는 네이버 카페와 협약을 맺고 교육 정보를 주는 방식으로 활동하고 있었는데, 다른 학원의 어떤 원장이 학부모를 가장해 홍보 활동을 하는 게 보였다. 처음 한두 번은 그리 티가 나지 않아 그러려니 했다. 그런데 어느 순간부터 아이디를 중복 사용하며 교묘하게 활동하는 게 눈에 보였다. 아니나 다를까, 해당 카페장이 광고 글을 모두 모아서 공개해 버렸다. 상술에 현혹되지 말라는 의미에서 공개적으로 망신을 준 것이다. 카페장은 글을 통해 '학부모를 위장해 현혹하는 광고를 중지할 것을 메일과 쪽지를 통해 여러 번 요청했으나 듣지 않아서 어쩔 수 없이 공개한다'고 밝혔다. 그 학원은 개원 초기부터 지역 주민에게 나쁜 이미지가 박혔다.

이런 일은 카페 마케팅을 하면서 흔히 일어난다. 그럼에도 교묘하게 활동하는 것이 마케팅을 잘하는 노하우인 양 생각하는 원장이 의외로 많다.

이제 막 온라인 마케팅을 시작한다면 이 책의 가이드대로 단계별로 차분히 진행해 보길 바란다. 성과는 노력한 만큼만 받겠다는 마음이면 좋다. 학원 사정이 어렵더라도 당장의 상위 노출에 목매거나 조바심을 내지 말아야 한다. 급해지면 시장을 바라보는 시야만 좁아진다. 시야가 좁아지면 어떻게든 꼬여서 상담으로 이끌겠다는 생각에 사로잡힌다. 노출 우선의 광고성 콘텐츠로 성과를 내보려 하지만 결과가 생각만큼 나오지 않는다.

학원은 사업이지만 기본적으로는 교육이다. 자칫 운영에 치중하다 보면 교육을 잊는다. 원장은 사업자이자 교육자라는 마음을 가져야 한다. 속마음이야 어떻든 표면적으로 그렇게 보였을 때 학부모에게 선택받을 가능성이 높다. 학부모는 교육자에게 소중한 자기 자녀를 맡기고 싶어 할 것이기 때문이다.

블로그 교육을 할 때마다 학원장의 교육 철학이 묻어나야 한다고 조언한다. 그 교육 철학에 학원을 찾는 학부모가 우연히 들어왔을 때 좋은 느낌을 받는다. 글쓰는 기술이 서툴러도, 콘텐츠가 부족해도 철학만 분명하다면 학부모의 마음을 사로잡을 수 있다.

교육 철학이 묻어났을 때에야 비로소 학부모의 마음을 사로잡을 수 있다.

신규 유입 비밀은
내부에 숨어 있다

"학부모 입장에서 학원, 다 거기서 거기 아닌가?"

학원 마케팅을 해 보는 게 어떻겠느냐고 넌지시 말을 건넸을 때 한 학원장이 무미건조한 어투로 이렇게 대답했다. 나는 그에게 보란 듯이 "다 거기서 거기 아닙니다"라고 말해 주고 싶었다. 나는 재원생의 활동 자료를 모아서 지속적으로 노출시켰다. 다행히 엄마들은 여기에 반응했고, 상담이 줄을 이었다. 물론 성과도 아주 좋았다.

기본적으로 글은 학부모 입장에서 써야 한다. 학부모가 자주 검색할 만한 키워드와 학원만의 색을 혼합해서 글로서 전달하는 것이다. 당연히 학부모는 듣고 싶어 하는 내용이나 원하는 정보가 보이면 주목할 수밖에 없다.

모든 학부모는 자기 자녀의 상황에 맞는 학원을 찾는다. 그래서 생각해 낸 방법이 재원생의 긍정적인 활동을 수집하는 것이다. 학부모는 재원생의 활동을 보면서 자기 자녀를 투영시킬 가능성이 높다. 자연스레 학원 선택에 결정적인 영향을 준다.

학부모 입장에서는 사소한 것도 소중한 정보가 된다. 사실 학부모는 재원생의 활동까지 세세하게 살펴볼 기회가 많지 않다. 학원에 방문하더라도 상담실, 로비 기껏해야 교실 안을 흘깃 보는 수준이다. 많은 정보가 제한되어 있다. 대부분의 학원도 성적이나 학원 시스템이 좋다는 이야기에 열중한다. 이런 광고 글 틈에서 튀는 메시지와 재원생의 긍정적인 면을 드러낸다면 주목을 끄는 건 당연하다.

수집 방법은 간단하다. 누구나 생각하는 당연한 것, 사소한 것까지 담는 것이다. '무슨 이런 것까지'라고 생각했더라도 괜찮다. 그걸 사용할지 말지는 블로그를 쓸 때 판단하면 된다.

좋은 아이디어를 뽑기 위해서는 브레인스토밍을 하듯 자료를 수집하면 된다. 한 예로 학원 로비에 여러 학생이 모여 있는 사진을 본다면 학원 규모를 짐작할 수 있다. 재원생이 많게 보이려면 차량에 내려 한꺼번에 들어올 때를 노리자. 웃고 있거나 토론할 때도 좋다. 학원 로비에서 책을 읽는 장면으로 다른 곳에 새지 않고 학원으로 바로 향한다고 이야기할 수도 있다. 가끔 햄버거를 쏘거나 떡볶이 파티를 하는 것도 괜찮다. 학생끼리 멘토링 장면도 좋다. 음악 학원이면 콩쿠르 장면도 좋고, 미술 학원이면 재원생이 직접 그린 그림도 좋다. 영어 학원이면 영어로 하는 프레젠테이션 장면도 좋다.

어떤 느낌인지 감이 올 것이다. 이 감을 사진으로 촬영해 두자. 모두 온라인 마케팅에서 귀하게 쓰일 것이다. 초상권이 걱정되는가? 정보 전달에 영향을 주지 않는 선에서 얼굴은 가리면 된다.

이처럼 재원생의 긍정적인 활동을 여러 방면으로 고민하다 보면 의외의 결과가 만들어지기도 한다. 의식하지 못하는 사이 학원이 실제로 변화하는 것이다. 재원생을 만족시키기 위한 작은 활동이 구체화되고 점점 쌓인 덕분이다. 이런 작은 활동은 쌓여서 그 학원만의 색으로 발현된다. 이 발현된 색은 그제야 외부에 자랑스럽게 노출시킬 수 있는 힘이 되는 것이다.

재원생만큼이나 학부모도 마케팅에 많은 도움이 된다. 사실 오랫동안 학원가에서는 재원생 학부모를 통한 소개 형식으로 신규 원생을 받아 왔다. 하지만 이 방법은 그동안 해 온 방식과는 조금은 다르다. 진정성이 담긴 '관계 맺기'라는 형식이기 때문이다.

처음에는 욕심 내지 않는 선에서 3명 정도를 눈에 익혀 두자. 학원을 자주 찾아 주는 분도 좋고, 가장 성적이 우수한 학생의 학부모도 좋다. 이미 신규 원생을 두세 명 추천한 바 있는 학부모도 좋다. 우호적일 것 같은 학부모를 3명 정도 정한 후에 그들에게 특혜를 주는 것이다. 자녀의 성적을 극적으로 변화시켜도 좋고, 신규 원생을 소개한 데 대한 보답으로 소정의 선물을 건네는 것도 좋다. 핵심은 학부모, 재원생 그리고 교사까지 눈치채지 않게 하는 데 있다. 누구든 자신이 마케팅에 이용된다는 걸 알게 되면 기분이 좋을 리 없다. 그리고 다른 재원생의 학부모와 차별 대우를 한다는 느낌을 줘서는 안 된다. 이 아슬아슬한 호의, 고마움의 표시는 원장이 고민해야 한다.

로버트 치알디니가 저술한 『설득의 심리학』에는 '상호성의 법칙'이라는 설득 방법이 나온다. 사람은 누군가에게 뭔가를 받으면 어떻게든 보상하려는 심리가 있다는 법칙이다. 호의를 받고도 무시하는 사람도 있지만, 대다수는 보상으로 돌려주기 전까지는 마음의 짐으로 여긴다. 이런 심리를 마케팅에 활용하되, 이왕 할 바엔 진정성 있게 관계 맺기를 시도해 보라는 거다. 처음 3명과 관계가 돈독해졌다면 이후로 한 명씩 관계의 범위를 넓혀 보자.

지금까지 신규 원생을 늘리는 2가지 사례를 살펴봤다. 첫 번째인 재원생 활동을 모아서 블로그에 활용하는 방법은 아주 효과가 좋다. 적극 활용해 보기를 바란다. 두 번째는 활용에 주의해야 한다. 관계 맺기가 다른 분야에서는 거의 100% 먹히는 방법이지만, 학원은 재원생 엄마들끼리도 정보를 공유하기 때문에 조심스러운 게 사실이다. 특정 학생만 봐주는 것도 다른 학생이 샘을 부리거나 차별받는다고 생각할 수 있다. 이 방법은 학원의 운영 철학과 맞지 않는다면 가볍게 무시해 주길 바란다. 어려운 만큼 현명하게 판단해서 결정할 것으로 믿는다.

<u>학부모는 재원생의 활동을 보면서
자기 자녀의 미래를 그려 볼 것이다.</u>

Tip 2
우리 학원을 모르는 사람, 아는 사람! 노출 전략이 다르다

온라인 마케팅에서 키워드는 절대적이다. 신규 고객 모집에 유용한 키워드는 경쟁이 치열한 만큼 마케팅 비용도 증가한다. 하지만 상대적으로 마음만 먹으면 노출할 수 있는, 브랜드 키워드를 관리하는 블로거는 많지 않다. 옷가게로 비유하면 가게를 알리는 데는 많은 비용을 투자하지만 가게 안에 들어온 사람에게는 눈길을 주지 않는 것과 같다.

사람들은 브랜드를 인지하는 과정과 검증하려는 과정을 반드시 거친다. 그래서 우리 학원을 모르는 사람과 아는 사람으로 키워드를 분리해서 각자의 역할에 맞게 콘텐츠를 작성해야 한다. 우리 학원을 모르는 사람에게는 다른 학원과의 경쟁에서 우위가 되는 정보를 제시하는 것이 좋다. 이때 사용하는 키워드를 '경쟁 키워드'라고 하자. '대치동 영어 학원', '대치동 입시 학원'이 여기에 속한다.

경쟁 키워드를 통해 브랜드를 인지한 학부모라면 반드시 검증 과정을 거치려 한다. 지인에게 물어보거나 온라인에서 어떤 평가를 받고 있는지도 확인한다. 학부모는 이러한 평가들을 한 번 훑고 나서야 안심하고 행동에 옮길 것이다. 이때 사용하는 키워드를 '브랜드 키워드'라고 하자. 브랜드 키워드는 재원생의 활동을 중심으로 제시함으로써 학부모로 하여금 기대 효과를 줘야 한다.

- 브랜드 인지 : 경쟁 키워드(ex. 대치동 영어 학원, 대치동 초등 영어 학원)
- 브랜드 검증 : 브랜드 키워드(ex. 학마연 어학원, 대치동 학마연)

블로그를 운영하다 보면 실감하겠지만 쓰는 글마다 설득으로 이어지는 건 불가능에 가깝다. 그래서 키워드 운영 전략이 필요하다. 경쟁 키워드로 주목도를 높이고 브랜드 키워드에서는 끌리게 만드는 것이 유기적인 연결 전략이다.

5
나는 우리 학원을 얼마나 이해하고 있는가?

얼마 전 어느 학원의 홍보 영상을 본 적이 있다. 원장, 부원장, 과목별 교사들이 순서대로 나와서 학원 소개와 자신이 지도하는 과목을 말하는데, 부원장 차례에서 적지 않은 충격을 받았다. 영상 속 부원장은 잠시 머뭇거리더니 자기는 별다른 특징이 없다고, 본인 입으로 말하는 것이었다. 교사 몇 명을 관리하는 부원장이 학원의 특징이나 자신을 어필하는 한마디 말도 못하다니! 차라리 홍보 영상을 배포하지 말지 하는 생각마저 들었다. 그런데 과연 학원의 특징을 설명하지 못하는 사람이 그 영상 속의 부원장뿐일까?

"금반지의 본질은 금이 아니라 구멍이다."
김홍탁 씨가 쓴 『금반지의 본질은 금이 아니라 구멍이다』에 담겨 있는 글귀다. 마케팅의 가치를 절묘하게 표현한 글귀로, 그의 통찰력에 감탄했다.

실제로 그렇지 않은가. 신혼부부가 끼는 금반지와 늙으신 어머님에게 효도한다는 명목 아래 해 주는 닷 돈짜리 금반지는, 금이라는 현물로 표현하기 어려운 묵직한 가치 차이가 있다.

과연 우리 학원은 우리 학생들에게 어떤 가치를 주고 있을까? 교육이라는 업의 본질까지 깊이 들어갈 필요는 없겠다. 하지만 학부모가 소중한 자녀를 믿고 맡겨야 할 이유 하나쯤은 있어야 하지 않을까?

이를 바탕으로 지금부터 학원을 진단하는 시간을 가져 보자. 학원장 입장에서 우리 학원이 학부모에게 어떻게 인식되길 바라는지, 우리 학원을 생각하면 떠오르는 이미지나 색이 있는지, 이런 나의 의도가 교사들에게 공유되어 아이들을 지도하거나 학부모와 상담할 때도 전달되고 있는지, 학부모는 나의 바람대로 학원을 인식하고 있는지를 살펴보는 것이다.

진단이 끝나면 '콘셉트'를 만들어 보자. 우리 학원을 선택해야 하는 이유를 딱 한마디로 정리해 보는 것이다. 이참에 장점도 5가지 이상 정리해 놓으면 상담할 때 설득이 쉬워진다. 상담하러 온 학부모는 무엇을 얻기 위해 방문했을 것이다. 학원과 원장은 그것을 충족시키고 있는지, 혹여 상담하러 오지 않은 학부모는 무엇 때문에 망설이는지를 파악해야 한다. 30분 동안 상담하다 다시 오겠다고 돌아서는 학부모가 있다면 그들의 마음까지 사로잡을 '한마디'를 자신 있게 던질 줄 알아야 한다.

많은 사람이 마케팅의 기본을 가치에서 찾는다. 학부모가 우리 학원을 선택함으로써 얻게 되는 이익이나 가치! 우리는 소비자 입장에서 상품을 구매할 때 반드시 일정의 선택 기준을 둔다. 상품에 따라 다르므로 한 가지라고 규정하기는 어렵다. 비싸더라도 양질의 제품을 선택할 때도 있고, 품질을 포기하고 저렴한 제품을 선택하기도 한다. 학원도 마찬가지다. 그래서 공부방, 과외, 대형 학원, 개별 학원이 각자의 방식대로 운영되고 있는 것이다. 학부모들은 자신의 자녀나 가계에 맞춰 학원을 선택한다. 자신의 기준치에서 이왕이면 더 나은 곳을 찾는다.

우리가 만든 가치가 가치 있다고 판명된다면 큰 힘을 기울이지 않아도 널리 퍼진다. 이것이 바이럴 마케팅의 핵심이다. 이게 구축이 되면 입소문은 자연스럽게 퍼질 것이고, 설득은 쉬워진다.

이런 활동이 제대로 이뤄진다면 처음 학원을 개원했을 때 가졌던 기대와 열망이 현실로 나타날 것이다.

<u>우리 학원을 선택해야 하는 매력적인 한마디는 무엇인가?</u>

Tip 3
외부의 강력한 우군과 협업하면 시너지가 증가한다

온라인 마케팅에서 콘텐츠를 생산하는 방식을 크게 세 가지로 구분해 볼 수 있다. 학원에서 직접 운영하는 공식 블로그 형태의 '브랜드 콘텐츠', 교사나 교육 전문가가 운영하는 '전문가 콘텐츠', 마지막으로 소비자가 직접 생산하는 '소비자 후기 콘텐츠'다. 이 세 가지는 각자 소비자를 설득하는 방식이 다르다.

과거에는 소비자가 직접 경험한 후기 형식이 신뢰도가 가장 높았다. 하지만 후기를 가장한 글이 과도하게 퍼지면서 신뢰도에 금이 갔다. 반대로 정보성 글에 자신의 장점을 사실대로 작성한 공식 블로그가 효과를 보기 시작했다. (이 책에서는 학원에서 직접 운영하는 '브랜드 콘텐츠'로 설명했다. 이제는 공식 블로그도 통하는 시대가 되었다.)

공식 블로그만으로 키워드 노출에 한계가 있을 때가 있다. 따라서 외부의 강력한 우군을 만들어 둘 필요가 있다. 때로는 후기성 글도 필요한데 교육에서 진짜 학부모 후기를 모으는 것은 쉽지 않다. 정말 학원이 괜찮으면 가끔 학부모들이 후기를 써 주기도 하지만 대부분은 키워드에 대한 개념이 없기 때문에 효율은 떨어진다. 그렇다고 키워드를 지정하여 후기를 써 달라고 노골적으로 이야기하기도 어렵다. 만약 해 주더라도 지금 당장은 우호적이어도 언젠가 학원을 떠났을 때 안티로 변한다면 학원에 큰 타격이 될 수 있다. 그래서 학부모를 대상으로 인위적으로 무언가를 만드는 행위는 주의해야 한다.

보통은 외부의 강력한 우군으로 대행사나 일반 블로거를 선택한다. 비용을 지불하고 후기를 대신 써 달라고 하는 방식이다. 그런데 글 내용을 보면 홍보 티가 너무 난다. 진짜 후기처럼 써야 하는데 학원 상황에 맞지도 않고 학부모에게 공감을 살 만한 내용도 없다. 오로지 노출만이 자신의 역할이라는 듯 글을 쓴다.

나는 어설픈 후기보다는 객관적인 정보를 주는 방식을 선호하는 편이다. 사람의 마음을 끄는 글을 쓸 능력이 부족해서이기도 하지만, 객관적인 정보만으로도 광고 홍보성 글 사이에서 관심을 끌 수 있기 때문이다. 이렇게 브랜드를 인지시키면 나머지는 학원 브랜드로 검색하거나 지인에게 물어봤을 때 결판이 난다. 노출 경쟁이 불가피한 온라인 마케팅에서 외부에 강력한 우군이 함께한다면 분명 시너지가 있을 것이다.

6
온라인 마케팅으로 얻는
세 가지 효과

프랜차이즈 학원 마케팅을 하던 때 일이다. 당시 학원 브랜드는 수업 특징이 도드라진 편이라 아이들 수업 활동만 보여 줘도 호응하는 학부모가 많았다. 비교적 홍보가 수월했다. 당시엔 캠퍼스에 직접 방문해 수업 사진을 촬영한 후 지역 키워드를 잡아서 올려 주곤 했다. 마침 주요 학원가에 개원하는 곳이 있어 몇 개의 키워드를 홍보해 준 적이 있었다. 경쟁이 심한 지역이었는데 다행히 상위 노출이 되면서 개원 설명회뿐만 아니라 상담까지 꾸준히 이어졌다. 개인 학원에서 프랜차이즈 학원으로 바뀌는 과정에서 이탈한 학생도 있었지만 신규 원생으로 빠르게 대체되면서 성장하기 시작했다.

몇 달 후 원장에게 온라인 마케팅이 개원에 도움이 되었느냐고 물었다. 그런데 답변이 황당했다. "잘 모르겠네요." 표정도 시큰둥해 보였다. 원장이 온라인 마케팅에 의구심이 드는데 지속하는 의미가 있을까? 나는 지원을 중단했고, 자연스레 상위 노출되던 글이 시간이 흐르면서 모두 내려갔다.

    몇 달 후, 해당 지역을 검색하다 당시에 홍보를 지원했던 학원에서 블로그를 개설해 많은 시간과 노력을 투자하는 모습을 보게 되었다.

    온라인 마케팅은 광고 홍보와 달리 시작하자마자 곧바로 성과로 이어지지는 않는다. 블로그·페이스북 채널 운영 방법을 익힌다고 해결될 문제는 더더욱 아니다. 그럼에도 불구하고 광고 대행사나 마케팅 강의에서는 마치 시도만 하면 큰 성과로 이어질 것처럼 유혹하고 기능 위주로 가르친다. 여기에 현혹되어 블로그와 페이스북 광고를 배운다. 그리고 얼마 지나지 않아 의심하며 포기한다.

    성과로 이어지지 않는다는 말이 아니다. 과장되었다는 것뿐이다. 우리 주변에는 온라인 마케팅으로 성공한 사례가 제법 있다. 학원도 다른 업종에 비해 효과가 잘 드러나지 않을 뿐, 조용히 성과를 보는 사람들은 존재한다.

    앞서 언급한 원장도 당시에는 효과를 체감하지 못했을지 모른다. 상위 노출된 글이 내려가자 신규 문의가 눈에 띄게 줄었거나 상담하는 학부모에게 학원을 알게 된 경위를 묻고 나서야 깨달았는지도 모른다.

학부모는 물어보지 않으면 굳이 어디서 보고 왔다고 말하지 않는다. 설령 학원 선택에 온라인이 중요한 역할을 했다 해도 딱히 어디를 통해 최종 결정을 했는지는 학부모 자신도 모를 때가 많다. 온라인 마케팅의 성과가 데이터로 나오는 게 아니다 보니 서서히 유입되고 있을 때는 체감하기가 어렵다. 그런데 조금만 관심을 가지고 상담하면서 적극적으로 알아본다면 성과 추이를 파악할 정도는 된다.

이 사례 이후에 몇 명의 원장에게도 비슷한 질문을 건넸다. 비슷한 답변이 돌아왔다. 그리고 시간이 흐르자 시큰둥한 반응을 보였던 원장이나 상담실장들이 광고 홍보를 해야겠다며 연락해 왔다. 이러한 현상은 2, 3년 전에 비해서 확실히 많이 보이고 있다. 현장에서도 느끼기 시작한 것이다.

많은 사람이 온라인 마케팅을 시도했다가 포기하기를 반복한다. 성과를 맛보는 사람이 있는 반면 성과로 이어지지 않는 사람도 있는 탓이다. 그런 면에서 온라인 마케팅과 공부는 닮았다. 교사가 동일한 내용으로 지도하는데 신기하게도 학생마다 성취도는 다르게 나온다. 배경지식이 새로운 지식을 습득하는 데 얼마나 많은 영향을 미치는지는 다들 알고 있을 것이다. 새로운 지식은 기존의 지식들과 연결되어 저장된다. 학생의 성취도는 그동안 배경지식에 따른 이해도, 효율적인 공부법, 공부에 대한 욕심에 의해 좌우된다. 물론 아이큐의 영향도 받겠지만 여기서는 예외로 하자. 온라인 마케팅도 마찬가지다. 그동안 고민한 학원의 장점과 제목, 컴퓨터를 다루는 능력, Daily를 얼마나 길게 그리고 자주 썼느냐 하는 글쓰기 경험 하나하나가 배경지식이 될 수 있다.

나는 온라인 마케팅이 세 가지 변화를 이끌어 낸다고 생각한다.

- 학원 강점이 명확해진다.
- 신규 상담 문의가 증가한다.
- 재원생 만족도가 증가한다.

처음 온라인 마케팅을 시작하는 사람은 신규 원생 증가로만 생각하기 쉽다. 물론 그것만으로도 충분히 매력적이지만 부수적인 효과도 반드시 따라오더라는 것이다. 학부모에게 제대로 된 정보를 주기 위해 우리 학원만의 강점을 찾고 고민하는 과정에서 학원의 차별점이 하나씩 만들어진다. 이를 재원생에게 적용해 보면 자연스레 만족도가 증가한다.

온라인 마케팅을 제대로 하려면 단순히 노출하는 데서 멈추지 않아야 한다. 학원이 성장하는 구조를 만들려면 그만큼 고민해 차별화를 만들고 재원생에게 적용해야 한다. 그로 인해 재원생이 오랫동안 머무르고, 그 활동을 모아서 전달했을 때 신규 원생이 줄을 잇는 바람직한 순환 구조를 가진다. 이러한 원리를 이해해야 크게 성장하고 오랫동안 살아남는 강소 학원을 만들 수 있다.

<u>학원의 강점이 명확하면
재원생이 만족하고 상담 문의는 늘어나는
선순환 구조를 가지게 될 것이다.</u>

학원 마케팅의 출발점!
메시지·특징을 찾아라!

온라인 마케팅을 진행하려면 대단하지 않더라도 차별점 하나 정도는 만들 필요가 있다. 마케팅에서는 이(고객이 우리를 선택해야 하는 이유)를 USP(Unique Selling Proposition)라고 한다. USP를 찾았다면 이를 마케팅 메시지로 정리한 후 소재를 담아서 학원을 찾는 사람들에게 전달하면 된다. 그러면 주변 학원과 경쟁을 하지 않아도 학원을 선호하는 사람들이 찾아오기 마련이다. 어차피 지역의 모든 학생이 우리 학원을 찾을 일은 없다. 우리 학원의 메시지에 동의하는 학부모들만 오도록 만들면 된다.

메시지와 소재를 만들기 위해서는 먼저 무엇부터 해야 할까? 학원

구성원 간의 공감대를 만드는 것부터 시작하는 것이 좋다. 어차피 학원장이 이끌어 간다고 해도 교사가 동조하지 않거나 다른 메시지를 준다면 효과는 반감될 수밖에 없다. 그래서 메시지와 소재는 원장이 최종적으로 정리하더라도 재원생과 밀착해 수업하는 교사와 상담실장과 함께 토론해 보는 것이 필요하다. 구성원들이 각자의 위치에서 관찰하는 시야에 따라 다양한 의견이 모일 수도 있다. 학원 구성원은 모두 바쁘기 때문에 별도의 시간을 만들기보다는 일주일에 한 번 하는 주간 회의 중 10분, 20분만 더 할애하면 어떨까 싶다.

이러한 활동은 생각의 확장을 가져온다. 토론을 하다 보면 마케팅 효과를 낼 수 있는 새로운 아이디어와 소재들이 나올 수 있다. 지금보다 더 나은 강점이 찾아지기도 할 것이다.

진행은 이렇게 해 보자.

⊙ 1단계 : 우리 학원의 특징을 파악하자

먼저 학원의 특징을 살펴야 한다. 이 작업은 원장 혼자 해도 되지만 이왕이면 학원 구성원과 함께하면 좋다. 원장과 교사, 상담 직원이 모여서 토론하면 학원의 메시지를 일원화하는 데도 도움이 된다. 전화 상담, 대면 상담, 교사와 학부모 간 관리 상담, 블로그 등 메시지가 일원화되어 전달될 것이다. 더불어 학원의 강점을 찾기 위해 의견을 나누는 과정에서 구성원 간에 동질감을 느낄 수도 있다.

또한 재원생이 학원의 특징에 맞게 수업하고 관리되는지도 점검하게 되면서 비로소 학원의 특징이 명확해질 수 있다. 학원의 특징은 학부모나 재원생에게 신뢰, 차별, 경험, 보상을 준 경험을 열거해 보다 보면 나올 수도 있다.

》》 학원 특징을 발굴하기 위해 관찰해야 할 포인트는?

- 학부모 상담 : 신규 상담, 재원생 관리 상담(데일리, 위클리, 기타 이야기)
- 재원생 사례 : 수업 활동, 변화된 모습, 성적 결과, 입시 실적

》》 학원 특징을 발굴하기 위해 어떤 관점에서 살펴볼 것인가?

- 신뢰 : 학부모에게 어떤 신뢰를 주고 있는가?
- 차별 : 특별한 학습법이나 원장 이력, 관리, 가격에 차별점이 있는가?
- 경험 : 재원생에게 어떤 경험을 주고 있는가?
- 보상 : 학부모에게 어떤 보상을 주고 있는가?

⊙ 2단계 : 매력적인 마케팅 메시지 만들기

학원이 지역 학부모에게 어떻게 인식되기를 바라는가? 학부모의

신뢰와 공감을 얻을 만한 마케팅 메시지가 있는가? 홍보를 하지 않더라도 특별함이 전달된다면 좋겠지만 이런 경우는 극히 드물다. 그래서 메시지를 만들어서 지속적으로 알려야 한다.

매력적인 메시지는 1단계에서 찾은 특징 중에서 학부모들이 가장 매력적으로 생각할 법한 한 가지를 선택한다. 가능하면 슬로건 형태로 마케팅 메시지를 만드는 것이 좋다.

학원의 콘셉트와 특징이 나타나는 마케팅 메시지가 만들어지면 활용할 곳이 많다. 블로그 대문 스킨에 슬로건 형태로 전달할 수도 있고, 포스팅에서도 지속적인 노출이 가능하다. 그 밖에도 전단지 헤드카피, 상담할 때 오프닝 한마디, 설명회 문자, 데일리 톡에도 널리 쓰인다. 그러니 한 번 만들 때 깊이 생각해야 한다. 우리 지역 학부모들에게 우리 학원을 인식하게 하는 메시지가 될 것이기 때문이다.

⊙ 3단계 : 메시지와 함께 구체적으로 보여 주자

학원의 특징과 마케팅 메시지가 만들어졌다면 이야깃거리를 찾아야 한다. 학원의 메시지는 강점과 함께 꾸준히 전달되어야 어느 순간 효과를 발휘한다. 나의 경우 직접 운영하는 블로그 외에도 다른 학원 블로그를 자주 둘러본다. 상당수가 블로그만 만들어 놓거나 몇 개 글이 올라간 상태로 중단된 상태다. 메시지나 특징은 보이지 않고 광고 홍보 또는 전단지를 그대로 올려놓는 정도에 그쳤다. 그래서야 설득이 되지 않는다.

학원을 주목시킬 메시지와 특징을 찾았다면 그것을 구체적으로 보여 줄 수 있는 활동을 발굴해야 한다. 가장 좋은 것은 학원 실적과 재원생 활동 등 아이들의 변화를 보여 주는 것이다. 재원생의 모습을 투명하게 보여 줌으로써 선택에 확신을 주는 것이다.

이 단계까지 되었다면 온라인 마케팅을 시작할 준비가 된 것이다. 이제부터는 실전으로 들어가 보자. 꾸준히 실행한다면 기대하는 성과를 마주하게 될 것이다.

진짜 성패는
온라인마케팅을 하느냐 마느냐가 아니라
우리 학원의 강점을 찾아낼 수 있느냐
그리고 표현할 수 있느냐다.

Tip 4
홍보 효과를 높이기 위한 관찰 포인트

▶ **타깃을 세분화해 본다**

일반적으로 많은 학원이 홍보할 타깃을 세부적으로 나누지 않는다. 이는 마치 운에 맡기는 것과 같다.

나라면 초등, 중등, 고등으로 우선 나눠 볼 것이다. 그리고 초등은 저학년과 고학년으로 나누고, 중등은 예비 중 1과 고입을 준비하는 중 2, 3학년으로 나눌 것이다. 초·중등 학생 중에서는 특목고를 준비하는 학생이 있을 수 있다. 그렇게 특목고를 준비하는 학생과 그렇지 않은 학생도 나눈다. 이렇게 타깃을 세분화한 다음에 고민거리와 해법을 정리할 것이다.

타깃이 세분화되어야 고민거리를 정확히 알 수 있고 해법이 명확해진다. 이 과정 하나하나가 블로그 소재로 쓰일 수 있다. 그러므로 타깃을 세분화해 보고 해법까지 정리해 보자. 던지는 메시지가 명확해지면서 학부모에게 공감을 이끌어 낼 수 있을 것이다.

▶ **재원생이 이탈하려는 이유를 사례별로 정리해 보자**

유입보다 더 신경 써야 할 부분이 이탈이다. 마케팅 성과가 높아서 일시적으로 유입이 늘었더라도 이탈 학생이 꾸준하다면 머지않아 지역 내에 소문이 날 것이다. 이런 부정적인 시그널은 신규 유입을 막는다.

물론 아무리 완벽한 서비스라도 모든 고객을 만족시킬 수는 없듯이 이탈 자체를 막기는 어렵다. 다만 이탈하는 이유를 찾아내어 조금이라도 개선해서 그 비중을 줄여야 한다.

- 왜 지금 다니고 있는 학원에서 만족하지 못하는지
- 어떤 상황을 맞이할 때 퇴원 비율이 높은지

이 작업은 보통 재원생을 관리할 때 쓰이지만, 다른 학원에서 퇴원하는 학생을 우리 학원으로 끌어들일 때도 쓰일 수 있다. 그러므로 지역을 대표하는 다른 학원의 퇴원 사유를 찾아서 정리해 보자. 아무리 지역을 대표하는 학원이라도 퇴원생은 생기기 마련이다. 가령 자녀가 빡세게 배우는 걸 선호하는 학부모가 있는 반면, 스파르타식 교육을 싫어하는 학부모도 있다. 학생이 우리 학원이나 경쟁 학원에서 이탈하는 이유가 보다 명확해진다면 우리 학원의 퇴원생은 줄이고 다른 학원의 퇴원생을 우리 학원으로 유입시킬 수 있을 것이다.

3장.

온라인 마케팅 핵심 이해하기

온라인 마케팅을 성공으로 이끄는
세 가지 필수 능력

　　온라인 마케팅으로 실적을 내는 사람들은 모두 각자의 노하우가 있다. 오랜 기간 다양한 마케팅 툴을 익히고 실전에 적용하면서 체득한 경험치일 것이다. 그들의 성공 경험만을 알차게 습득할 수 있다면 얼마나 좋을까?

　　나 역시 10년 가까이 현장에서 마케팅을 적용하고 연구해 왔다. 성과도 있었고 실패도 있었다. 그러한 과정 속에서 나름대로 터득한 세 가지 필수 능력을 이야기해 보려 한다.

마케팅 채널 이해

온라인 마케팅을 처음 시작하는 사람들이 가장 먼저 익히는 것이 채널이다. 채널이라 하면 데이터가 보내지는 통로를 말하는데 블로그·카페·지식iN·페이스북·인스타그램·유튜브가 모두 여기에 속한다. 온라인 마케팅 강의에서도 블로그 상위 노출, 페이스북 광고 세팅 방법을 '노하우'라며, 필수 코스처럼 익히게 하는 데 집중한다. 운영을 위해서 꼭 필요한 기능은 맞다. 하지만 이것만 배우면 모든 게 해결되는 것처럼 인식하게 해서는 안 된다.

채널을 익히는 것은 마치 운전을 배우는 것과 같다. 자가 운전을 위해서는 운전하는 방법을 알아야 하듯이, 마케팅도 기능을 익혀야 한다. 하지만 처음부터 모든 기능을 익힐 필요는 없다. 꼭 필요한 기능만 알아 두고, 운영하면서 다른 기능을 숙련하면 된다. 매일 출퇴근 등 어딘가를 다니다 보면 자연스레 운전 실력이 능숙해지듯이, 목적에 맞는 채널을 선택해 지속적으로 운영하다 보면 자연스럽게 숙련될 것이다. 그러니 초반에 채널 공부에 너무 많은 시간을 허비하지 않기를 바란다.

콘텐츠 소재 발굴

온라인 마케팅에서 소재 발굴은 아주 중요하다. 처음 마케팅을 시작하면 소재가 빈곤할 수밖에 없다. 그래서 급한 마음에 처음부터 홍보 글을 몇 개 쓰고는 장기간 방치하거나 학원 브랜드와 상관없는 글을 쓰는 사람이 많은 것이다. 아직도 학원 블로그에 점심 때 먹었던 음식을 올리는 분이 더러 있다. 아마 누군가에게 홍보 글만 올리면 안 된다는 이야기를 듣고는 고민 끝에 음식을 콘텐츠로 삼았을 것이다. 하지만 그마저도 며칠 지나지 않아 소재 부족으로 나타난다. 그러다 보면 결국 글쓰기를 포기한다.

사실 학원 업계는 다른 업종에 비해 소재가 풍부한 편이다. 과목별 공부법, 교육 트렌드, 입시로만 구성해도 몇 백 개는 쓸 수 있다. 고등학교 입시로만 좁혀도 영재 학교·과학고·외고· 전국 자사고 준비 전략, 자기소개서, 면접 노하우라는 쓸 거리가 있다. 대학까지 가면 글감은 더욱더 많아진다. 입시를 잘 모른다면 교육 뉴스만 잘 살펴봐도 된다. 교육 뉴스는 매일 쏟아지다시피 하니까.

소재가 없는 것이 아니라 적절하게 사용하는 방법을 모르는 거다. 요령을 알면 쉽게 해결된다.

⊙ 글쓰기 표현 능력

세 번째 역량은 표현 능력이다. 표현 능력은 온라인 마케팅 경험에 따라 '문장으로 표현하는 글쓰기'와 '내용을 통한 설득'으로 나눌 수 있다. 블로그는 글쓰기와 사진만 잘 골라도 어느 정도 효과를 볼 수 있다. 그런데 생각보다 많은 사람이 자신의 생각을 글로 전달하는 데 어려움을 겪는다. 원장과 교사를 대상으로 콘텐츠 이야기를 하다 보면 자신은 모아 둔 자료가 많으니 걱정 말라고 한다. 오랫동안 입시 상담을 하면서 모아 둔 자료이기 때문에 언제든 시작만 하면 된단다. 그런데 적잖은 원장이 며칠이, 몇 달이 흘러도 시작조차 하지 않았다. 글로 표현하는 데 어려움을 겪는 것이다. 보유한 자료도 블로그 글로 옮기지 못하는데, 그런 자료가 없는 분들은 오죽할까?

마케팅 경험이 좀 생기면 설득을 위한 표현 능력이 필요해진다. 같은 주제라도 글을 읽는 사람이 공감하거나 내용을 쉽게 이해하도록 써야 한다. 우리 학원으로 오게 만드는, 뭔가를 느끼게 써야 하는 것이다. 온라인 마케팅 숙련자가 되어 가는 동안 이런 능력이 자연스럽게 더해지므로 조급해 할 필요가 없다.

"채널 이해, 소재 발굴, 표현 능력 중에서 가장 중요한 게 뭐예요?" 하고 묻는 사람이 더러 있다. 처음부터 이 모든 능력에 숙련될 수는 없다. 모두 필요하고 단계별로 익혀야 하는 기능이지만, 개인적으로는 소재 발굴이 가장 우선적으로 필요하다고 말하고 싶다. 채널은 필요로 하는 로직만 배우면 그리 어렵지 않다. 표현 능력도 설득 단계까지가 아니라면 기본적인 글쓰기만으로도 충분하다. 그동안 교육을 통해서 글쓰기 연습을 하곤 했는데, 원장과 교사 모두 글쓰기의 기본은 잡혀 있었다. 수학 선생님들은 투박하지만 논리적이었고, 영어 선생님들은 감성 전달이 훌륭했다. 소재 발굴은 기본기와 상관이 없다. 끊임없는 고민을 필요로 한다. 그래서 소재 발굴이 가장 중요하다.

나 역시 이걸 깨달은 지 얼마 되지 않았다. 그 전까지는 오로지 한 줄이라도 더 높은 순위에 노출되기 위한 로직 연구에 매달렸다. 블로그· 지식iN · 카페 · 지도 · 웹문서 · 사이트 순위 · 연관 검색어 · 자동 완성까지 각각의 영역에 상위 노출되기 위해 많은 시간을 보냈다. 나중에 알게 되었지만 모든 로직은 SEO(Search Engine Optimization)라는 검색 알고리즘을 기초로 하고 있었다. 한 가지만 익히면 나머지는 응용으로 가능했다. 파랑새는 콘텐츠였는데 엉뚱하게 상위 노출 로직을 찾아 헤맨 것이다. 이 책을 보는 분들은 그런 오류를 범하지 않길 바란다.

온라인 마케팅을 한다는 것은 채널에 맞는 소재를 담아 표현하는 반복 작업이다.

Tip 5
콘텐츠 소재를 손쉽게 수집하는 방법

블로그를 지속하지 못하는 이유를 콘텐츠에서 찾을 수 있다. '오늘은 무슨 글을 쓰지?' 하고 고민하다 글쓰기를 포기하는 것이다.

평소에 블로그 소재를 틈틈이 모아 놓으면 어떨까? 매일 양질의 교육 기사를 정기적으로 받아 보거나 우연히 읽어 본 글을 수집해 놓는 것만으로도 소재 고민을 해결할 수 있다.

수집 방법을 정기적과 비정기적으로 나눠 살펴보자.

▶ **정기적인 수집 : 구글 알리미**

구글 알리미(https://google.com/alerts)는 개인이 원하는 최신 정보를 신문 배달 해 주듯 이메일로 보내 준다. 구글은 자체 알고리즘에 의해 양질의 콘텐츠라고 판단하는 글을 보내 주므로 기사를 굳이 따로 찾아볼 필요가 없다.

우리가 할 일은 구글에서 받아 보고 싶은 정보의 키워드를 제시하는 것이다. 나는 서울대, 에듀테크, 플립러닝, 특목고, 입시, 수학, 영어, 공부법이라고 지정해 놓고 최신 뉴스를 받아 보고 있다.

▶ 비정기적인 수집 : 에버노트

에버노트(Evernote)는 디지털 메모 프로그램이다. 주로 메모할 때 활용하지만 웹상에서 뉴스 기사를 수집하는 데도 아주 유용하다. 대부분은 관심 있는 기사를 보고 지나치기 마련이다. 블로그 소재로 활용하려고 즐겨찾기를 한다고 해도 다시 찾아서 보는 경우는 거의 없다. 이런 문제를 에버노트가 해결해 줄 수 있다. 에버노트의 강점은 수집과 추출이다. 웹 클리퍼(Web Clipper) 기능을 활용하면 해당 웹 페이지를 내 에버노트에 손쉽게 스크랩할 수 있다. 내가 저장해 놓은 자료를 키워드 검색만으로도 손쉽게 추출하여 사용할 수 있다.

이렇게 모은 정보를 블로그 포스팅에 활용해 보자. 풍부해진 소재로 보다 양질의 정보를 줄 수 있을 것이다. 무엇보다 블로그 작성에 소요되는 시간을 큰 폭으로 줄일 수 있을 것이다.

네이버의 히든카드, C-Rank

　오랜 시간을 투자해 정성 들여 작성한 글을 누군가가 긁어서 토씨 하나 바꾸지 않고 그대로 올렸다. 그런데 내 글보다 그 글이 상위에 걸린다면 얼마나 억울하겠는가?

　이런 말도 안 되는 상황이 몇 년 전까지만 해도 블로그 세계에서 흔히 벌어졌다. 네이버가 원 저작자의 글을 판독할 능력이 없어서 발생한 일로, 이후 네이버는 양질의 콘텐츠를 확보할 겸 불합리하게 이득을 취하려는 블로거들을 걸러 내기 위한 알고리즘을 개발하고 운영 규칙을 강화해 나갔다. 그러한 과정에서 만들어진 것이 C(Creator)-Rank다.

　C-Rank는 중요도만큼이나 개념이 다소 어렵다. 블로그를 처음 시작했다면 가볍게 흐름을 살펴본다는 마음으로 읽기를 바란다. 네이버가 어떤 방향으로 정책을 가져가는지 이해하는 데 도움이 되길 바란다.

🔑 네이버가 노린 것

"C-Rank는 학원장들에게 기회가 될 것입니다."

언젠가 블로그 교육에서 학원장들에게 한 말이다. C-Rank를 한마디로 표현하면 "전문가가 생산하는 콘텐츠를 우대하겠다"이다. 전문적인 글을 지속적으로 올리면 딥 러닝(Deep Learning) 기술로 확인해 전문성을 부여하겠다는 알고리즘이다. 쉽게 말해서 하나의 주제에 집중해서 글을 쓰기만 하면 된다.

이제는 대행사가 쉽게 해소하기 어려운 학원 콘텐츠를 교육 전문가가 했을 때 더 나은 성과가 나도록 네이버가 지원해 주는 시대가 되었다.

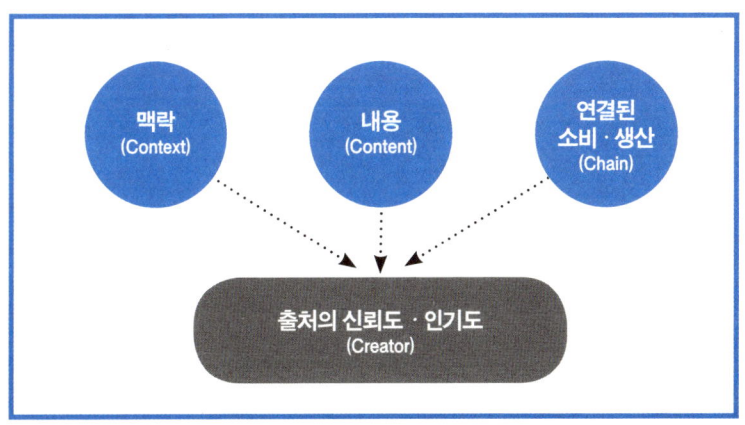

이미지 1 C-Rank 알고리즘

네이버의 C-Rank 알고리즘은 2015년 11월에 은밀하게 도입되었다. 이 시기 이후에는 상위 노출이 잘되는 블로그를 사칭하는, 최적화 블로그가 몇 달간 나오지 않았다. 대행사를 비롯해 경험 많은 블로거들이 원인과 해결 방법을 찾으려고 노력했으나 암흑기는 오랫동안 이어졌다. 2013년 최적화 카페와 2014년 웹문서처럼 블로그도 오랜 시간이 걸릴지도 모른다는 불안감이 맴돌았다. 상위 노출에 의존하던 사업자·마케터·광고 대행사들이 경영난에 빠지고, 지방과 해외에서 대량으로 최적화 블로그를 양산하던 블로그 작업용 공장이 버티지 못하고 폐쇄되었다. 블로그 로직을 파헤쳐 어뷰징(Abusing)을 일삼던 조직들도 하나하나 무너지면서 블로그 생태계가 완전히 바뀌었다.

네이버가 C-Rank의 실체를 공식 블로그에 발표한 것은 8개월이 지난 2016년 6월이었다. 곧바로 블로그 운영자들을 대상으로 C-Rank를 대대적으로 권장하는 캠페인을 진행했다.

⊙ C-Rank란 무엇인가

C-Rank의 핵심은 콘텐츠 출처의 신뢰도와 인기도다. 글의 맥락, 내용, 연결된 소비·생산과 같은 요소를 종합적으로 계산하고, 그 결과를 블로그 검색 랭킹에 반영해 준다. 해석하면 자기 분야의 콘텐츠를 꾸준히 올리고 사람들이 반응해 주면 전문가로 인정해서 상위 노출을 시켜 주겠다는 것이다. 이제부터 본인이 관리하는 주제에 얼마나 신뢰도 있는 글을 꾸준하게 작성하느냐가 C-Rank 시대의 블로그 운영 전략이 되었다.

블로그 운영 전략이 바뀌었다

C-Rank 이후로 크게 바뀐 것이 있다. 최적화 블로그가 아니더라도 양질의 글 하나면 처음부터 상위 노출이 될 수 있다는 것이다. 이것은 C-Rank 로직이 반영되기 이전과는 180도 뒤집어질 만큼 큰 변화다.

예전에는 일상 글을 2, 3개씩 45일간 연속해서 작성하고 최적화가 된 이후에 홍보를 시작했다. 즉 선(先)최적화 후(後)상위 노출이었다. 그러나 이제는 그럴 필요가 없다. 양질의 글을 지속적으로 올리면 상위 노출될 가능성이 높은 탓이다. 최적화를 위해 어쩔 수 없이 일상적인 글을 써야 했던 과거와는 달리 전문적인 글을 우대하는 지금, 주제와 관련 없는 글은 오히려 독이 될 수도 있다.

한 가지 주제로 글을 써라

네이버가 작성자가 쓴 글의 주제를 확인하는 방법은 크게 2가지다. 하나는 주제 선택, 다른 하나는 글의 제목과 본문에 들어가는 키워드다. 이것을 네이버는 딥 러닝 기술로 관련 여부를 분석한다.

》》 주제 선택

네이버 스마트에디터에 있는 포스트의 주제를 설정하는 기능이 검색 랭킹을 결정할 때 영향을 끼친다. 주제를 '교육'으로 설정했을 때 교육과 연관된 검색어가 들어오면 일종의 가중치가 부여되는 식이다.

네이버는 현재 32개의 대주제로 분류되어 있다. 학원은 '지식, 동향 → 교육, 학문' 또는 '지식, 동향 → 어학, 외국어' 분류가 일반적이다.

엔터테인먼트·예술	생활·노하우·쇼핑	취미·여가·여행	지식·동향
◯ 문학·책	◯ 일상·생각	◯ 게임	◯ IT·컴퓨터
◯ 영화	◯ 육아·결혼	◯ 스포츠	◯ 사회·정치
◯ 미술·디자인	◯ 애완·반려동물	◯ 사진	◯ 건강·의학
◯ 공연·전시	◯ 좋은글·이미지	◯ 자동차	◯ 비즈니스·경제
◯ 음악	◯ 패션·미용	◯ 취미	◯ 어학·외국어
◯ 드라마	◯ 인테리어·DIY	◯ 국내여행	◯ 교육·학문
◯ 스타·연예인	◯ 요리·레시피	◯ 세계여행	
◯ 만화·애니	◯ 상품리뷰	◯ 맛집	
◯ 방송	◯ 원예·재배		

⦿ 주제선택안함 　　　　　☐ 이 카테고리의 글은 항상 이 주제로 분류

이미지 2　네이버 스마트에디터 주제 분류

글을 쓸 때마다 주제를 매번 선택하기 번거롭다면 '카테고리 관리'에서 미리 지정할 수 있다. 카테고리 관리에서 지정하는 방법은 5장 블로그 편에서 자세히 다룰 예정이다.

》》 키워드

블로그 주제는 워낙 다양하므로 스마트에디터만으로 정확히 분류

하는 데 한계가 있다. 뿐만 아니라 네이버는 티스토리, 다음 블로그처럼 외부 블로그도 검색 결과에 노출한다.

이러한 문제를 해결하기 위해 딥 러닝 기술로(문서의 제목과 내용을 토대로) 해당 블로그 포스트가 어떤 주제에 해당하는지를 분석하고 분류한다. 수학 학원과 영어 학원이 다르고, 영어로 한정해도 어학원, 토익·토플, 전화·화상 영어가 다르다. 스마트에디터에 있는 32개 분류만으로는 구분하기 어려울 정도로 세분화된다는 걸 알 수 있다.

키워드는 관련 분야를 중심으로 작성하되 인기도를 높이기 위해 클릭 수, 체류 시간, 소통 지수를 높이는 운영 전략이 필요하다. 사람들의 반응을 이끌어 내야 하는 것이다. 이렇게 운영하다 보면 관련 키워드에서 경쟁 학원보다 상위 노출 될 가능성이 높아진다.

● 네이버 알고리즘의 역사

네이버가 양질의 콘텐츠를 생산하도록 독려하기 위해 발표한 알고리즘은 C-Rank가 처음이 아니다. 네이버가 다른 사람이 공들여서 쓴 글을 그대로 베껴서 노출하는 얌체 블로거를 잡아내기 위한 해결 방안을 본격적으로 모색하기 시작한 건 2006년이다. 네이버는 2012년 10월에 유사 문서를 잡아내는 '프로젝트 BiO' 공개를 시작으로 2012년 12월에는 리브라 알고리즘을 공개했고, 약 1년 뒤인 2013년 11월에는 소나 알고리즘을 연이어 발표했다. C-Rank는 소나 알고리즘이 나온 지 2년

뒤에 나왔다. 리브라와 소나 알고리즘이 다른 사람의 글을 베끼는 '유사문서'에 집중했다면 C-Rank는 기존 알고리즘 정책을 유지하면서 전문가 콘텐츠를 우대하는 것으로 방향을 바꿨다. 그리고 2018년 5월에 문서 자체의 경험과 정보성을 보완한 D.I.A 알고리즘을 발표했다.

⫸ 알고리즘 도입(공개) 시기

- 프로젝트 BiO : 2012년 10월
- 리브라 : 2012년 12월
- 소나 : 2013년 11월
- C-Rank : 2015년 11월
- D.I.A : 2018년 5월

이 모든 알고리즘에는 양질의 콘텐츠를 제공하려는 네이버의 의지가 담겨 있다.

⊸ C-Rank 미래는?

C-Rank 알고리즘은 2015년 11월 블로그에 이어 2017년 6월에 카페, 2017년 8월에는 지식iN에도 도입했다. 그동안에는 블로그 위주로만 개선했지만 C-Rank부터는 다른 채널까지 확대해 가고 있다. 블로그가 문서의 출처인 '저자'의 신뢰도를 평가하는 것처럼 카페 검색은 '게시

판 단위'로, 지식iN 검색은 이용자들의 '답변'을 중심으로 신뢰도를 판단한다.

네이버는 2018년 1월에 검색 랭킹을 결정하는 C-Rank 알고리즘이 문서의 출처뿐만 아니라 검색 주제에 따른 사용자 패턴까지 분석하며 더욱 촘촘한 알고리즘으로 진화한다고 밝혔다. 이번 개편에는 C-Rank 알고리즘에 검색 주제별로 사용자가 UGC(User Generated Contents) 문서를 소비하는 방식을 분석한 랭킹 요소가 새롭게 추가한다고 했다. 점차 사용자 개인에게 맞는 콘텐츠를 제공하겠다는 것이다.

네이버는 앞으로도 딥 러닝 기술을 꾸준히 적용해 양질의 콘텐츠를 생산하기 위해 노력할 것이다. 이러한 네이버의 노력은 정직하게 콘텐츠를 생산하는 정보 제공자에게 유리하게 작용할 것이다. 이제는 대행사보다 교육을 잘 알고 학부모와 직접 소통하는 원장과 학원 관계자들이 유리할 수밖에 없다. 그러므로 원장과 학원 관계자는 학부모와 자녀에게 도움이 되는 양질의 교육 콘텐츠만 고민하면 된다. 기술이 진화할수록 기본에 충실하면 유리해지는 시대가 될 것이다.

네이버의 속마음을 알면
상위 노출이 쉬워진다.

Tip 6
D.I.A 알고리즘

　원고를 마치고 편집이 한창 이뤄지던 2018년 5월 23일에 블로그 대란이 일어났다. 며칠 동안 분석하면서 직감적으로 2, 3년 주기로 이어지던 알고리즘이 반영된 것이 아닌가 싶었다.
　아니나 다를까, 2018년 6월 12일 네이버에서 C-Rank 알고리즘을 보완한 D.I.A 알고리즘을 공개했다. 이 D.I.A 알고리즘에 대해 한 번 알아보자.

▶ **D.I.A 모델은 무엇인가?**

　D.I.A(Deep Intent Analysis)는 C-Rank를 보완하기 위해 탄생한 모델로 문서 자체의 경험과 정보성을 분석한다.
　D.I.A 모델의 분석 요소는 다음과 같다.

- 문서의 주제 적합도
- 경험 정보
- 정보의 충실성
- 문서의 의도

- 상대적인 어뷰징 척도
- 독창성
- 적시성

콘텐츠를 분석해 검색 사용자에게 도움이 되는 작성자의 후기나 정보가 많은 문서가 보다 상위에 노출될 예정이다.

▶ C-Rank와 D.I.A와 관계는?

네이버는 공식 블로그를 통해서 C-Rank 점수가 꾸준히 높은 작성자일수록 D.I.A 점수 또한 높다는 통계를 공개했다. 결과적으로 C-Rank의 '출처로서의 가치'와 D.I.A에서 '문서 자체로서의 가치'가 있는 콘텐츠가 상호 보완이 되면 네이버는 상위로 노출시킨다. 한마디로 전문가가 쓴 유익한 글이 상위 노출되는 것이다.

3
소비자와 나의 연결 고리,
키워드 이해하기

누군가 내 블로그에 방문했다면 들어온 연결 고리가 분명히 있을 것이다. 그것을 키워드라고 부른다. 블로그 마케팅을 한다는 것은 학부모가 검색하는 키워드를 발굴해 설득하는 작업이다. 성과를 보려면 반드시 학부모가 검색하는 키워드에 맞는 글을 노출시켜 놓아야 한다. 학부모들은 생각보다 다양한 키워드로 블로그에 방문한다. 이제부터는 키워드를 찾는 방법을 알아보자.

이미지 3 키워드 검색 예시

키워드 추출 방법

네이버는 고객이 검색하는 키워드에 맞춰서 콘텐츠를 제공했을 때 좋은 반응이 일어난다는 것을 오랜 경험과 통계를 통해서 알고 있다. 그런 통계를 모아서 곳곳에서 키워드를 제시하고 있다. 연관 검색어나 자동 완성, 키워드광고를 위한 검색광고 시스템이 그 예다. 우리는 검색 패턴을 표준화해서 모아 둔 키워드를 적절하게 발굴해 사용하기만 하면 된다.

자동 완성과 연관 검색어

때로는 검색하는 본인도 무얼 검색해야 하는지 모를 때가 있다. 네이버는 사용자가 검색을 보다 편리하게 하도록 '자동 완성'과 '연관 검색어'를 제공하고 있다. 두 기능 모두 사람들이 많이 검색하는 단어를 보여 준다.

학원 관련 키워드를 찾는다고 해 보자. '대치동 수학 학원'을 검색 창에 입력하면 자동 완성 키워드가 나타난다. 이를 통해 수학 학원과 관련한 아이디어를 얻을 수 있다.

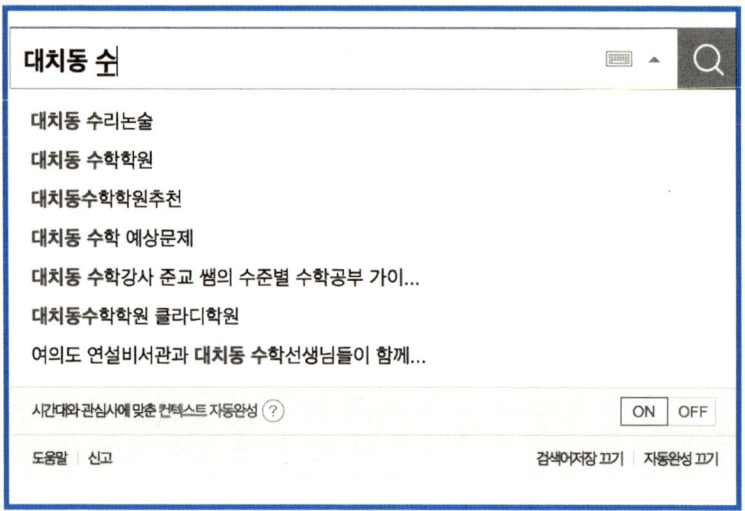

이미지 4 자동 완성 사례

　　자동 완성은 검색어를 입력할 때 사람들이 많이 찾는 결과를 15개까지 보여 준다. 검색어를 모두 입력하지 않더라도 자동으로 보여 주는 키워드 중에서 선택할 수 있다. '이미지 4'에서 '대치동 수'까지만 입력했을 때 학원 관련 키워드가 8개나 포함된 것을 볼 수 있다.

　　연관 검색어는 키워드 간 연관성을 확인해 보여 준다. 학부모가 첫 번째 입력한 키워드와 두 번째 입력한 키워드는 서로 연관성이 있다고 판단한다. 실제로 많은 사람이 자신이 검색한 키워드에서 원하는 정보를 찾지 못하면 연관 검색어를 적극 활용한다.

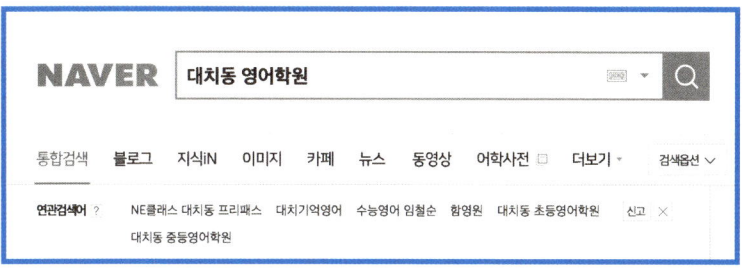

이미지 5 연관 검색어 사례

이처럼 자동 완성과 연관 검색어는 자신이 무얼 검색해야 할지 모를 때 활용하기 용이하다. 이곳에서 우리 학원을 찾을 만한 적당한 키워드를 발굴할 수 있을 것이다.

>>> **네이버 검색광고 시스템 활용하기**

네이버는 검색창에서 키워드를 입력하면 가장 먼저 광고부터 보여 준다. 이것을 검색광고라고 하는데 네이버의 주 수익원이다. 네이버는 광고주들이 검색광고를 효율적으로 하도록 돕기 위해 분야별로 키워드를 선정해서 제공하고 있다. 이곳에서는 수많은 키워드를 파악할 수 있을 뿐더러 다양한 부가 정보를 함께 확인할 수 있다. 다행스러운 것은 이 정보를 무료로 얻을 수 있다는 것이다. 네이버는 키워드광고를 하지 않더라도 광고주로 가입하는 것만으로도 이용할 수 있게 공개하고 있다. 이곳을 '검색광고 시스템'이라고 부른다. 우린 이곳에서 학부모가 검색하는 키워드를 세세하게 뽑아 볼 수 있다. 블로그 운영 초반에 이곳에서 키워드 100개만 뽑아 보자. 아마도 몇 달간 키워드 고민 없이 포스팅에 집중할 수 있을 것이다.

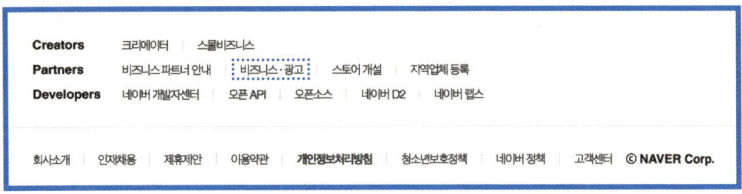

이미지 6 네이버 검색광고 시스템 들어가기

　네이버 검색광고 시스템을 활용하려면 별도로 광고주로 회원 가입을 해야 한다. 온라인 마케팅 성과는 키워드 검색광고 시스템을 얼마나 잘 활용하느냐에 따라 달라질 수 있으므로 처음부터 활용하는 습관을 가져 보자.

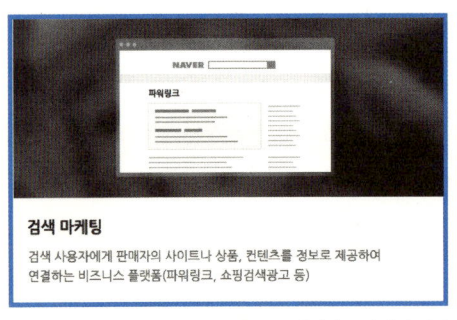

이미지 7 검색 마케팅

이미지 8 키워드도구 들어가기

　키워드광고주로 가입해서 '검색 마케팅 → 광고 시스템'으로 들어

가면 보이는 화면이다. 메뉴 상단에 도구를 클릭한 후 '키워드 도구'를 선택한다.

키워드 도구에서는 키워드, 웹사이트, 시즌 월, 시즌 테마, 업종별로 추출할 수 있다. 각 도구들은 자신의 상황에 맞게 활용할 수 있다.

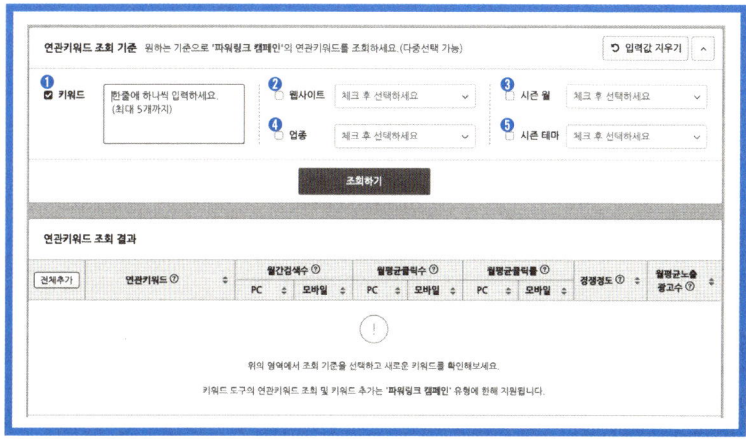

이미지 9 키워드 추출 방법

❶ 키워드 : 원하는 키워드를 입력하면 관련 키워드가 수십, 수백 개가 뜬다.

❷ 웹사이트 : 현재 광고주 계정으로 등록된 웹사이트와 관련한 키워드를 추출해 준다.

❸ 시즌 월 : 1월부터 12월까지 월별로 주요 이슈 키워드를 보여 준다.

❹ 업종 : 업종별 모든 키워드를 보여 준다. '교육·학습 → 학원·학습'을 선택하면 1,000개 이상의 키워드가 나타난다.

❺ 시즌 테마 : 업종별 키워드를 보여 준다. '교육·학교 → 학원 키워드'를 선택하면 130여 개 시즌 키워드가 나타난다.

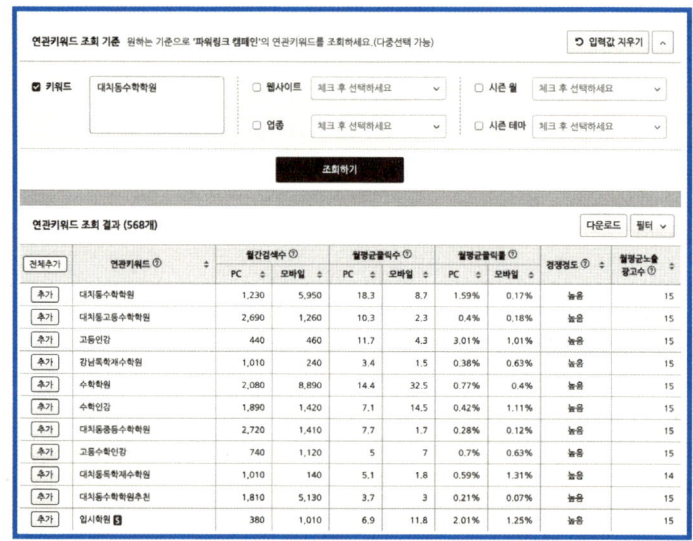

이미지 10 키워드 추출 예시

이 중에서 가장 많이 활용하는 도구는 '키워드'다. 이곳에 검색어를 입력하면 네이버는 통계를 통해 관련된 모든 키워드를 보여 준다. 그중에서 내게 맞는 키워드를 선택해 활용하면 된다.

'대치동 수학 학원'을 예로 들어 보자. 키워드 영역에 '대치동 수학 학원' 1개만 입력하고 조회하기를 눌러 봤다. 조회 결과, 연관 키워드가 568개다. 이 중에서 내게 맞는 키워드를 선별하면 된다.

가장 먼저 파악할 것은 PC와 모바일 '월간 검색 수'다. 모바일 검색이 PC를 넘어선 지 오래되었다는 것은 알고 있을 것이다. 대치동 수학 학원 키워드를 보면 PC가 1,230건인 데 비해 모바일은 5,950건이다. 무려 5배 차이가 난다.

 키워드 검색 수는 최근 한 달을 기준으로 한다. 월간 검색 수가 많다는 것은 소비자가 그만큼 많이 찾는다는 의미다. 동시에 주변 학원들과 경쟁이 심한 키워드라고 볼 수 있다. 키워드는 월 조회 수가 많은 키워드부터 적은 키워드까지 최대한 많이 수집하는 걸 추천한다.

키워드를 클릭하면 해당 키워드에 대한 상세 정보도 파악할 수 있다.

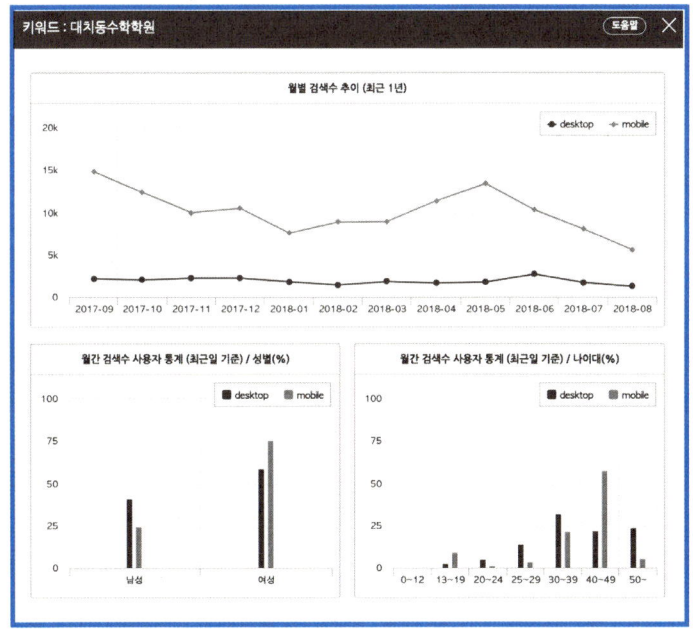

이미지 11 키워드 상세 정보

'대치동 수학 학원' 상세 정보 결과다. 이 화면에서는 해당 키워드의 최근 1년간의 데이터를 볼 수 있다. 연간 주기로 검색 수가 증가하거나 하락하는 시기를 파악할 수 있다. 물 들어올 때 노를 저어야 하듯 검색 수가 늘어나는 시기를 파악해 사전에 내 글이 노출되도록 계획을 세울 수 있다. 더불어 키워드를 검색하는 남녀 성비와 연령대별 통계도 알 수 있다.

키워드 분류

키워드 검색광고 시스템에서 '대치동 수학 학원'을 검색하면 500개가 넘는 키워드가 나온다. 하지만 내가 하려는 마케팅에 이 모든 키워드가 필요하지는 않다. 선별이 필요하다. 이 과정을 처음 해 보면 어떤 키워드를 선별해야 할지 고민이 앞선다. 이럴 때 필요한 게 키워드 분류법이다.

공식적인 키워드 분류법은 없다. 업종에 따라 다르므로 표준안을 만들기도 어렵다. 나는 학원 관련 키워드를 다음과 같이 6가지로 분류해서 사용하는 편이다.

- 대표 키워드
- 지역 키워드
- 타깃 키워드

- 세부 키워드
- 교육용 키워드
- 학원 브랜드

이렇게 정리를 하면 신규 유입과 브랜드 검증, 직접 고객과 잠재 고객별로 운영 전략이 나온다. 이 방법은 나의 경험적인 분류다. 이를 참고해서 자신만의 분류 방법을 만들어 보길 바란다.

》》대표 키워드

보통 블로그를 운영하는 사람들은 업종을 대표하거나 조회 수가 높은 키워드를 대표 키워드로 분류한다. 수학 학원, 영어 학원, 미술 학원, 음악 학원 같은 포괄적인 키워드를 대표 키워드라고 한다. 다만 이런 대표 키워드가 우리 학원으로 유입하는 키워드라고 보기는 어렵다. 조회 수만 높을 뿐 별다른 효력을 발휘하지는 않는 키워드이니 홍보에는 활용하지 않는 것이 좋다.

》》지역 키워드

지역 키워드는 학원 입장에서 주력 키워드라고 할 수 있다. 학원을 찾는 학부모 입장에서는 지역 내에서 학원을 선택하려 할 것이다. 그래서 지역 키워드를 잘 선별하는 것이 중요하다. 선별 방법은 지역과 대표 키워드를 결합하는 것이다. '대치동+수학 학원'처럼 말이다.

》》타깃 키워드

타깃이라는 단어가 의미하듯 명확한 대상이 있다는 것이다. 아주 유용한 키워드다. 단순히 타깃과 대표 키워드를 결합해서 '초등+수학 학원'을 만들 수도 있지만 지역 키워드를 포함해서 '대치동+초등+수학 학원'을 만들면 더 효과적인 키워드가 된다. 이와 같은 방법으로 '대치동 중등 수학', '대치동 재수 학원'을 만들어 볼 수 있다.

》》세부 키워드

세부 키워드는 단어가 구체적이다. 조회 수가 높지 않다는 단점도 있지만 구체적인 만큼 정보를 검색하려는 욕구가 강하기에 그만큼 설득하기가 쉽다. 학원으로 유입시킬 가능성이 높은 키워드라고 볼 수 있다. '대치동 수학 학원'보다는 '대치동 수학 전문 학원'이 구체적이고, '대치동 수학 전문 학원'보다는 '대치동 수학 전문 학원 추천'이 구체적이다. 이렇게 여러 키워드를 조합해서 발굴하는 작업을 해야 한다.

》》교육용 키워드

교육용 키워드는 잠재 고객에게 정보를 주면서 브랜드를 알리는 데 활용하는 키워드다. 영어 학원이라면 '영어 공부하는 법', '고등학교 영어 공부법', '초등 영어 잘하는 법'이 예가 될 수 있다. 이런 키워드는 대형 프랜차이즈 학원에서 활용하면 매우 좋다. 브랜드 인지도를 줄 뿐만 아니라 지역별로 분포되어 있는 가맹 학원으로 유도하기에도 좋다.

》》 학원 브랜드

학원 키워드는 학원을 소개받았거나 홍보를 통해 브랜드를 인지한 학부모가 해당 학원을 검증하기 위해 검색한다. 학원 브랜드를 흥미롭게 느낄 만한 콘텐츠로 구성하면 상담으로 유도할 수 있다.

지금까지 키워드 추출과 분류 방법을 알아봤다.

일반적으로 온라인 마케팅은 단기간에 높은 성과를 내기 쉽지 않다. 전문가의 도움을 받았거나 양질의 이벤트를 통해서 단기간에 성과를 냈다고 하더라도 장기적으로 지속하기 위해서는 나만의 키워드를 발굴하고 알려야 한다. 키워드는 온라인 마케팅 성과를 좌우할 만큼 아주 중요하다. 이 점을 염두에 두고 시작해야 한다. 그래야 오래가고 시간이 지날수록 효과가 크게 다가올 것이다.

온라인 세계에서 경쟁이란
얼마나 많은 키워드를 발굴하고
노출하느냐의 싸움이다.

4
온·오프라인 통합 마케팅 프로세스를 만들자

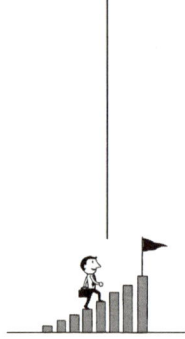

온·오프라인 통합 마케팅의 핵심은 두 가지다. '채널(Channel) 연결'과 '퍼널(Funnel) 구조'를 이해하고 운영 프로세스를 구축하는 것이다.

이 과정은 쉽지 않다. 그러나 제대로 구축만 한다면 그 이후에는 마케팅에 투여되는 시간이 점차 줄어들고, 학원은 성장하는 경험을 하게 될 것이다.

⊙ 노출의 시대는 지났다, 채널 연결에 집중하라

온라인 마케팅은 광고 홍보와 달리 단기간에 치고 빠지는 작업이 아니다. 오랜 시간을 투자해야 효과가 있다. 이때 원 소스 멀티 유즈

(One-Source Multi-Use) 전략이 필요하다. 양질의 콘텐츠를 생산해 블로그·카페·페이스북 등 여러 채널로 배포하면 유리하다.

실제로 온라인 마케팅 경험이 풍부한 업체일수록 마케팅 진행에 앞서 '채널 조사'부터 한다. 운영하고자 하는 채널을 선별하고 우선순위를 정한 다음에 콘텐츠를 탑재해 배포한다. 채널 간의 연결 구조를 만들어 가는 것이다.

온라인 채널 간의 연결 구조는 그다지 어렵지 않다. 페이스북에서 질문을 던지고 블로그에서 답변을 하는 방식으로도 운영이 가능하다. 지역 카페와 공식 블로그를 연결하는 구조도 가능하다. 공식 블로그를 운영하는 아이디로 카페에서 교육 정보를 제공하면, 그 아이디를 통해 블로그를 방문하는 학부모가 반드시 존재한다.

오프라인 광고와 온라인을 연계하는 전략을 세울 수도 있다. 오프라인의 단점은 자세한 설명이 어렵다는 데 있다. 전단지에 학원의 장점을 주절주절 설명하면 주목을 끌 수 없다. 궁금증을 유발하는 용도로만 활용한다면 작성할 카피와 메시지가 명확해진다. 오프라인에서 흥미를 유발한 다음에 자세한 정보는 온라인에서 검색하도록 유도한다. 자세히 설명하며 설득하는 과정은 온라인에서 해야 한다.

마케팅에서 오프라인과 온라인의 경계가 무의미해졌다. 서로 간의 시너지가 필요한 시점이 온 것이다. 이제는 온·오프라인 마케팅을 통합하는 운영 전략이 필요하다.

⊶ 학원 온라인 마케팅의 성패는 오프라인에 달려 있다

온라인 홍보가 잘되어서 일시적으로 신규 유입이 늘었다고 가정하자. 그런데 새로 들어온 재원생이 수업에 만족하지 못하거나 관리에 불만을 느껴 한 달 또는 두세 달을 넘기지 못한다면 어떻겠는가? 재원생이 들어오는 족족 다시 빠져나가는 것은 큰 문제다. 가장 걱정되는 부분은 '학원이 별로다'라는 인식으로 이어지면서 관리보다는 마케팅만 집중하는 학원이라는 소문이 날 수 있다. 이는 오히려 장기적으로 부정적인 인식만 가져올 수 있다.

이런 문제점은 시간이 지날수록 마케팅 비용을 증가시키는 것뿐만 아니라 전화·상담·레벨 테스트 등으로 내부 관리 인력을 소모하게 할 것이다. 이런 구조에서는 지역을 대표하는 강소 학원으로 자리매김하는 것은 포기해야 할 것이다.

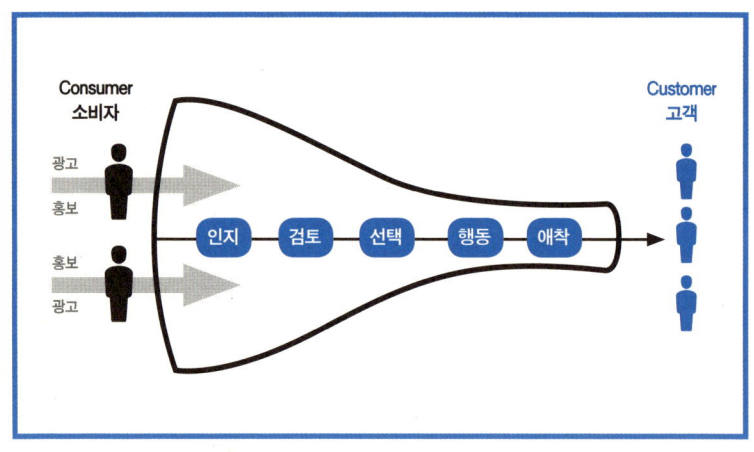

이미지 12 퍼널 구조

마케팅 이론에 '퍼널'이라고 있다. 우리말로는 '깔데기'다.

퍼널은 마케팅을 통한 신규 유입부터 퇴원까지의 구조를 보여 주는 방식이다. 마케팅은 한 번 보고 바로 결정하는 단순한 구조가 아니다. 처음 인지하더라도 비교·검토·선택·재선택을 하는 과정이 아주 복잡하게 이뤄진다. 인지 단계부터 최종 선택까지 많은 사람이 이탈하면서 좁혀진다.

학원도 학부모가 우리 학원을 인지·고려하는 과정에서 우리 아이가 다닐 만한 곳인지에 대한 고민을 거친 다음에 학원 상담을 한다. 등원을 결정하고도 오랫동안 믿고 맡기기까지는 시간이 걸린다. 그 전까지는 언제든지 떠날 수 있다. 심지어 몇 년 동안 신뢰 관계를 맺고 자녀가 성적도 만족할 만한 수준까지 올랐는데도 어느 날 갑자기 퇴원하겠다고 연락이 오기도 한다.

퍼널 구조를 이해하고 유입을 넓히고 설득하고 짜임새 있는 관리를 한다면 학원은 자연스럽게 성장하는 구조를 가지게 된다. 이런 흐름을 이해하고 뛰어드는 것과 무작정 마케팅에 뛰어드는 것은 효율과 전략 면에서 큰 차이를 가져온다.

많은 학원장이 마케팅을 어려워한다. 마케팅이 전문 분야다 보니 어쩌면 당연하다. 그렇다고 마케팅 이론까지 깊이 있게 매달리자는 뜻은 아니다. SWOT, 4P, 3C 같은 골치 아픈 마케팅 용어를 모르더라도 마케팅 효과는 낼 수 있다. 퍼널 구조를 이해하고 채널별로 필요한 부분만 하나씩 연결해 간다면 시간이 해결해 줄 것이다. 언젠가부터 마케팅을 하지 않아도 꾸준히 성장하는 학원으로 변해 가는 모습을 보여 줄 것이다.

급하다고 실을 바늘에
꿸 수는 없지 않은가.
온라인과 오프라인을 통합하는
구조를 만들어 나가자.

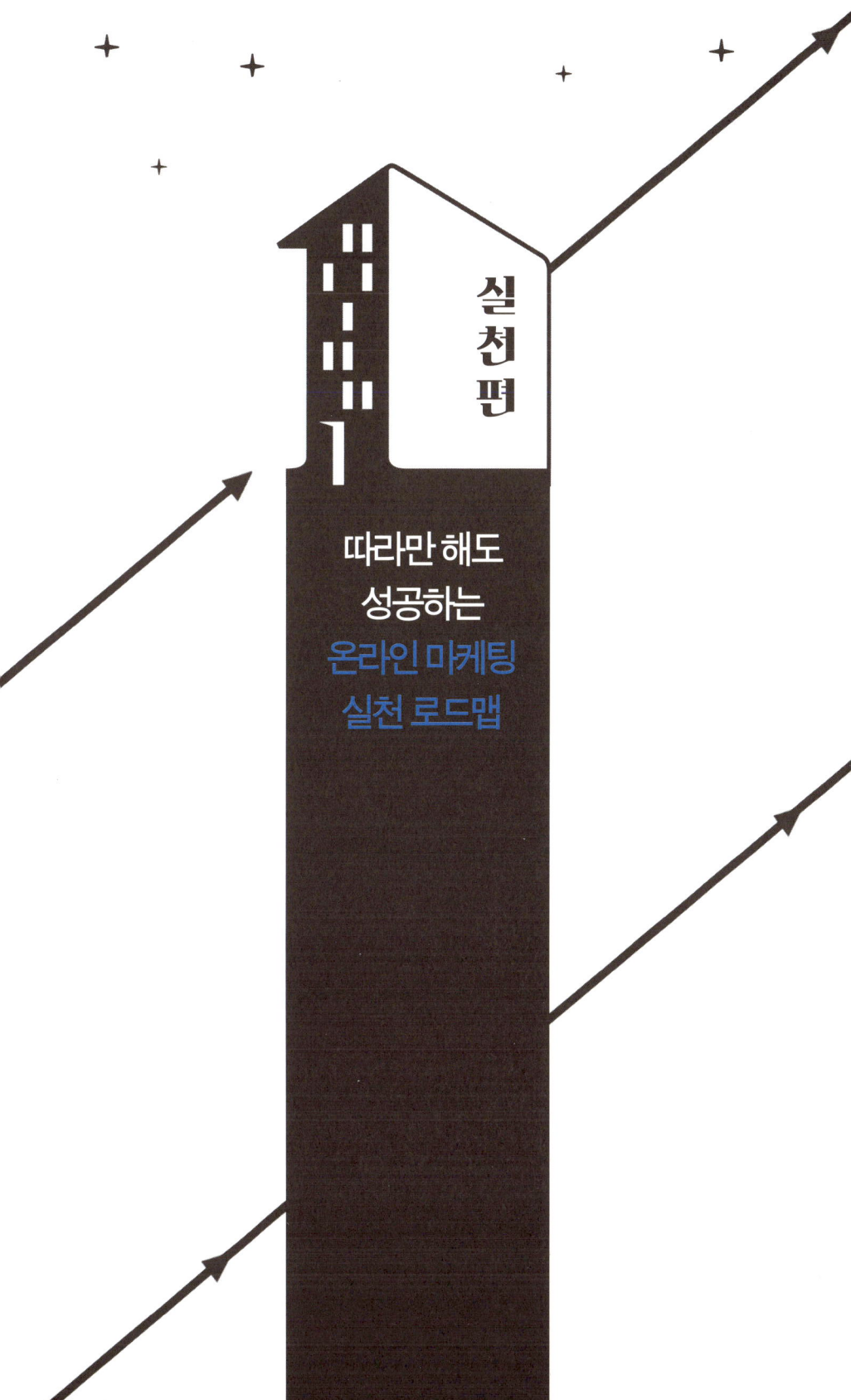

실천편

따라만 해도
성공하는
온라인 마케팅
실천 로드맵

4장.

우리 지역 랜드 마크가 되어 보자

1
지도
등록 준비

온라인 마케팅의 실전 단계로 들어섰다. 운영 전략은 작은 마케팅부터 점차 확대해 나가는 것이다. 얼마나 확대할지는 오로지 원장의 의지와 지속력에 달려 있다. 반드시 성과로 이어질 거라는 기대를 가지고 시작해 보자.

학원 마케팅의 시작은 지도 등록이다. 온라인 비즈니스의 1순위인 셈이다. 지도 등록은 온라인 세상에 우리 학원의 존재를 알리는 것과 같다. 가게를 차리면 가장 먼저 KT 전화번호부 등록부터 하던 시절이 있었다. 당시에는 집집마다 전화번호부가 있었고, 그곳에 등록되어야 전화 한 통이라도 더 받을 수 있었다. 네이버에 지도를 등록하는 것은 당시에 전화번호부를 등록하는 것과 같다고 할 수 있다. 지도 등록을 하면 우리 학원이 네이버 검색 결과에 나온다.

조금이라도 상단에 노출되도록 등록했다면 지도만으로도 누군가가 찾아올 수 있다. 우리 학원을 방문하려는 학부모를 친절하게 인도하는 효과도 있다. 최근에 네이버가 내비게이션 서비스를 하고 있다는 것을 알 것이다. 지도를 보다가 터치 한 번만 하면 내비게이션으로 연결되어 학원까지 편안하게 안내해 준다.

이미지 13 지도 등록 예시

사진 속의 지도는 학원 브랜드를 검색했을 때 나오는 예시다. 이렇게 해 놓으면 우리 학원에 방문하고자 검색하는 학부모에게 학원의 위치를 자세히 알려 줄 수 있다.

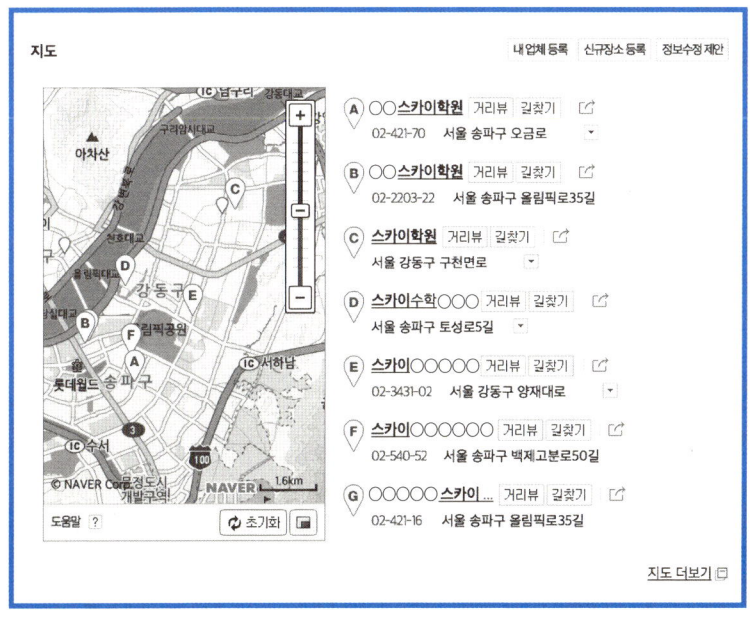

이미지 14 비슷한 브랜드 노출 사례

간혹 우리 학원 브랜드를 검색했는데도 이름이 비슷한 여러 학원명이 뜨기도 한다. 학원 브랜드가 희소성이 없어서 생긴 결과다. 처음에 학원명을 지을 때 브랜딩을 염두에 두지 않았을 가능성이 높다. 희소성이 없는 학원명이라면 네이버 검색 결과에서 자신의 학원명을 상단에 노출시키기 위해 부단히 노력해야 한다. 잘못하면 애써 모은 고객을 주변에 흘려보내는 불상사가 벌어지기 쉽다.

만약에 신규 개원을 준비하고 있다면 반드시 인터넷으로 검색해 보고 학원명을 결정하기 바란다. 희소성이 있어야 학부모가 기억하기도 쉽고 네이버에서 경쟁하지 않고 손쉽게 노출시킬 수 있다.

지도 등록 전에 준비할 것이 있다. 개인 학원이냐, 프랜차이즈 학원이냐에 따라 다르다. 개인 학원은 전화번호, 주소, 학원등록증 세 가지를 준비한다. 프랜차이즈 학원은 여기에 추가적으로 본사 홈페이지에 학원 정보가 등록되어 있어야 한다. 네이버에서는 본사와 프랜차이즈 사이의 계약을 홈페이지에 등록했는지 여부로 확인한다. 만약 홈페이지에 우리 학원 정보가 게재되어 있지 않으면 지도 등록이 거부될 수 있다.

지도를 등록하면 네이버가 승인을 하는데, 승인해 주는 기간이 영업일 기준으로 최대 7일이다. 자동으로 검수해서 즉시 승인해 주는 사례도 있지만 공식적으로는 검수 기간이 7일이므로 여유를 가지고 신청하는 게 좋다. 간혹 승인이 거부되기도 하므로 기본적인 정보와 충분한 시간 여유를 두고 등록하길 바란다.

준비가 되었다면 지도 등록을 해 보자.

Tip 7
네이버·다음을 사칭한 광고 대행사의 전화를 조심하라

지도 등록을 하면 광고 대행사로부터 2주일 동안은 시달릴 생각을 해야 한다. 주로 네이버나 다음 '공식 파트너'라는 이름으로 전화가 걸려오는데, 네이버나 다음은 직접 전화로 영업하지 않는다. 즉 네이버나 다음의 공식 파트너사가 아니라는 뜻이다.

이들에서 특정 키워드를 6개월 또는 1년 동안 상위 노출시켜 주겠다는 말이 나올 것이다. 장기 계약을 유도하는 것이다. 대표적인 피해 사례이니 주의하길 바란다.

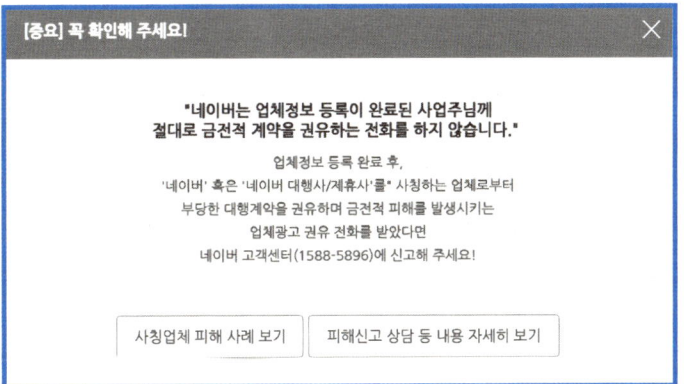

이미지 15 네이버 피해 경고

2
10분이면 할 수 있는
지도 등록

　지금부터는 등록 방법을 살펴보자. 한 번만 신경 써서 등록해 놓으면 다른 활동을 하지 않더라도 우연한 방문자를 만들 수 있다. 방법이 어렵거나 소요 시간이 길지도 않다. 학원을 한눈에 보여 줄 수 있는 몇 장의 사진과 소개 문구가 있다면 고작 10분 남짓 걸리는 간단한 작업이다. 그럼에도 불구하고 인터넷에 취약하다는 이유로 방치하는 원장이 많다. 방법을 모르거나 중요성을 인지하지 못해서다. 자료가 완벽하게 준비되어 있지 않아도 괜찮다. 등록부터 하자. 언제라도 수정할 수 있으니 안심하고 등록하자.

　앞서 설명했듯 지도를 등록하는 이유는 우리 학원이 네이버 등 포털사이트에 검색되게 하는 데 있다. 학원 위치 외에도 전화번호, 상담 시간, 학원의 강점이 나타나도록 해야 한다.

이미지 16 지도 등록을 위한 스마트플레이스 메인 화면

지도 등록은 '스마트플레이스(https://smartplace.naver.com/)'에서 한다. 스마트플레이스가 생소할 수도 있다. 2007년부터 네이버가 지원한 지도 등록 서비스로, 초반에는 홈페이지를 운영하는 업체의 정보를 알려 주는 수준에 머물렀다. 그러다 2015년 12월부터 '마이 비즈니스'로 이름이 잠시 바뀌었다가 이후에 홈페이지 관리는 '웹 마스터 도구', 오프라인 매장 관리는 '스마트플레이스'로 분리해 운영하기 시작했다. 지금은 오프라인 매장을 가진 사업자들을 위한 전문적인 서비스로 진화한 상태다.

스마트플레이스는 지도 등록 외에도 네이버 비즈, 네이버 톡톡, 네이버 예약 기능도 제공하고 있다. 이 서비스는 지도 등록이 끝나면 알아보도록 하자.

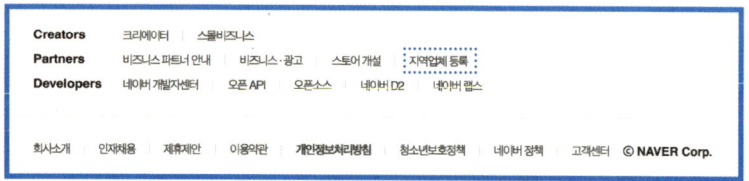

이미지 17 스마트플레이스 들어가기

스마트플레이스는 메인 페이지 맨아래에 있는 'Partners → 지역 업체 등록'을 통해 들어갈 수 있다. 네이버 검색창에서 '스마트플레이스'를 입력해도 된다.

스마트플레이스에 들어왔다면 상단에 '신규 등록'을 클릭해 보자. 이전에 누군가 등록했다면 수정도 가능하다. 만약 담당자가 바뀌었다

이미지 18 1단계 등록 내역 조회

면 '관리자 권한 교체' 버튼을 눌러서 권한을 위임받아야 한다.

등록은 등록 내역 조회, 필수 정보 입력, 상세 정보 입력, 등록 신청 완료 이상 4단계로 진행된다.

1단계 : 등록 내역 조회

1단계 '등록 내역 조회' 화면이다. 내 정보가 등록되어 있는지 확인하는 단계다. 이곳에 사업자등록증 또는 학원등록증상에 있는 학원명, 전화번호, 주소, 업종을 입력한다.

❶ 업체명 : 학원 브랜드가 반드시 포함되도록 한다. 학원명을 검색할 때 기준이 된다.
❷ 전화번호 : 학원 대표 상담 전화를 입력한다. 지도를 등록할 때 이따금 이전에 등록된 전화번호라며 진행이 안 되는 경우가 생긴다. 같은 전화번호가 중복 등록되지 않기 때문에 생기는 현상으로, KT에서 새롭게 받은 번호라 하더라도 이전 업체가 폐업 신고를 네이버에 하지 않으면 이런 일이 생길 수 있다. 그러므로 반드시 전화번호를 받자마자 이곳에 입력해 본 후 등록이 되지 않는다면 네이버 측에 요청을 해야 한다.
❸ 주소 : 학원명을 검색하면 학원 위치를 지도에 표시해 준다. 주소는 이때 활용된다. 주소와 시도상의 위치가 맞는지 꼭 확인해

야 한다. 만약 학원 위치가 실제와 다르다면 핀을 조절해 위치를 조정할 수 있다. 이렇게 등록된 정보는 약도 외에도 블로그·카페 등에서 학원 위치를 알려 줄 때 활용된다.

❹ 업종 : 업종 검색 버튼을 클릭한 후 입력 창에 '학원'이라고 입력하면 세부 사항을 선택할 수 있다. 학원은 학원등록증을 제출해야 하므로 스캔을 받거나 스마트폰으로 촬영해 이미지 파일을 미리 준비해야 한다.

이미지 19 지도 위치 표시 예시 화면

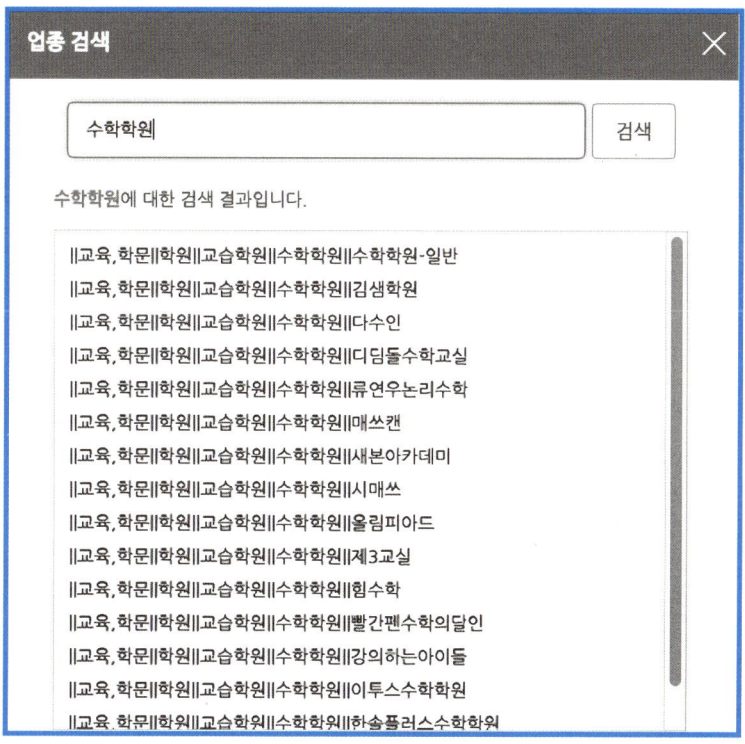

이미지 20 업종 선택 예시

네이버에 이미 등록된 업체가 있는지 확인한 후 문제가 없다면 2단계로 넘어가면 된다.

⊙ 2단계 : 필수 정보 입력

이번엔 필수 입력 항목을 살펴보자. 필수 입력 항목인 만큼 어떻게 입력하느냐에 따라 검색 노출에 영향을 줄 수 있다. 학부모의 주목을 끌 정보를 입력하는 단계인 만큼 가장 신경 써야 할 영역이다.

이미지 21 2단계 필수 정보 입력 화면

'이미지 21'을 보면 1단계에 입력한 정보가 그대로 넘어온 것을 알 수 있다. 1단계에서 입력한 정보 중 변경 사항이 있는지 다시 확인하고 나머지 정보를 입력한다. 학원 이용 시간, 대표 키워드, 등록 과정, 알림 설정까지 입력·확인한 후 다음 단계로 넘어간다.

3단계 : 상세 정보 입력

상세 정보는 필수가 아니므로 굳이 입력하지 않아도 지도 등록이 가능하다. 하지만 상세 정보를 입력하면 검색하는 입장에서는 유용한 정보를 더 많이 받게 되므로, 만족도가 높아지는 효과를 낳을 수 있다.

이미지 22 3단계 상세 정보 입력 단계

가장 먼저 비즈 넘버를 사용할지 여부를 선택해야 한다. 비즈 넘버는 스마트폰에서 터치만으로 우리 학원으로 전화를 연결해 주고, 통화 추적까지 가능하게 한다. 통계를 보고 싶다면 신청해도 된다. 비즈 넘버는 '지도 등록과 함께하면 유용한 기능' 편에서 조금 더 자세히 살펴보도록 하자.

다음에 입력할 곳은 사이트·SNS 영역이다. 현재 운영 중인 홍보 채널이 있다면 등록하도록 하자. 2차 유입 효과를 기대할 수 있다.

사진과 상세 설명은 3단계 상세 정보 입력 단계에서 가장 중요하다고 할 수 있다. 이곳에서 사전 정보를 줌으로써 학부모의 시선을 사로잡을 수도 있다. 가장 중요한 만큼 등록을 추천한다. 학원 규모나 재원생의 수업 특징을 보여 줄 수 있는 사진을 미리 찍어 두고 업로드하도록 하자. 우리 학원의 콘셉트, 장점이 보이도록 구성해야 한다.

찾아가는 길도 유용하다. 학원을 선택하기에 앞서 학부모들은 최소한 한 번은 학원을 방문한다. 이곳에 찾아오는 법을 적어 두거나 주차 정보를 적어 놓으면 문의 전화를 한 번이라도 덜 받을 수 있다.

이 밖에 리뷰나 평가는 학원 홍보에 유리하다고 판단이 들면 체크하도록 하자. 블로그나 카페에 학원 리뷰가 있을 경우 끌어와서 보여 주면 된다. 평점도 좋으면 노출하고 좋지 않으면 노출하지 않으면 된다.

⊷ 4단계 : 등록 신청 완료

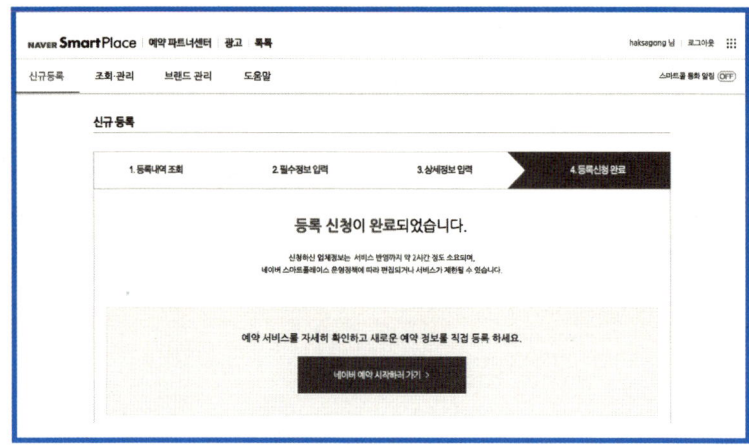

이미지 23 4단계 등록 신청 완료

등록 신청을 하면 영업일 기준으로 7일 이내에 등록이 된다. 지도가 등록이 되면 언제라도 재수정이 가능하다. 그러므로 일단 신청부터 하고 학원의 강점을 수집해 점차 수정해 나가는 걸 추천한다. 온라인 비즈니스의 기본이 되는 지도 등록을 제대로 활용해 학원 성장의 발판이 되길 바란다.

Tip 8
지도에서 우리 학원을 상위 노출시킬 수는 없나요?

마케팅 컨설팅을 하다 보면 자주 접하는 질문이 있다.
"지도에서 상위 노출되는 방법이 궁금해요!"

우리 지역을 대표하는 키워드에 조금이라도 상위 노출된다면 그만큼 유리하므로 관심을 가지는 건 당연하다. 상위 노출 조건이 예전보다 까다로워지긴 했지만 검색 로직을 이해한다면 조금이라도 상위 노출을 시킬 수 있다.

지도·블로그·카페 등 네이버에서 검색하는 대부분의 서비스는 SEO의 적용을 받는다. 즉 검색 시스템이 요구하는 조건을 충족시키면 상위 노출에 근접할 수 있다. 그 조건은 항상 변하고 있으나 가장 큰 비중을 차지하는 게 키워드인지라, 이 키워드만 이해하면 유리할 수밖에 없는 구조다. 키워드가 먼저고 그다음이 사용자들의 액션이다. 어떤 키워드에 우리 학원을 노출할 것인가? 그걸 찾아서 등록하는 요령이 필요하다.

지도 등록과 함께하면
유용한 기능

    네이버는 앞서 언급했듯이 스마트플레이스를 통해 오프라인 매장을 위한 다양한 부가 서비스를 제공하고 있다. 이 부가 서비스들을 이용한다면 보다 운영에 효율을 가져다줄 수 있다.

    기능은 여럿이지만 대표적으로 학원 업종에서 활용할 수 있는 서비스는 비즈 넘버, 네이버 예약, 네이버 톡톡이다.

⊙ 비즈 넘버

    비즈 넘버는 통화 분석이 가능한 서비스다. 따라서 학원 입장에서는 통화 이력을 볼 수 있다는 장점이 있다.

이미지 24 비즈 넘버 서비스 예시

먼저 가상 번호를 여러 개 발급해서 채널별로 유입 통계를 받아볼 수 있다. 온라인 마케팅을 여러 채널—키워드광고·블로그·카페·modoo 홈페이지 등—에서 하고 있어도, 어느 채널을 통해 문의 전화가 오는지 확인할 수 있다. 이는 곧 마케팅 확장을 의미한다.

또한 텍스트를 입력하면 자동으로 음성으로 변환해 주기 때문에 통화 연결음을 만들 수 있다. 네이버는 문자 음성 자동변환 기술인 TTS(Text to Speech) 기능을 무료로 활용하도록 제공하고 있다. 이 통화 연결음에 ARS를 연결해 상담 시간, 찾아오는 길, 주차 안내 등도 넣을 수 있다. 학원 방문을 위한 간단한 문의는 ARS로 해결할 수 있다는 말이다.

고객 정보를 띄워 주는 기능도 있다. 통화가 이뤄지면 PC와 스마트폰에 발신자의 고객 정보가 보여지는 셈이다. 2회 이상 문의할 경우 통화 이력을 보면서 구체적인 상담을 이어 가면 된다.

그렇다고 장점만 있는 건 아니다. 먼저 통화 이력은 스마트폰에서 전화번호를 터치한 경우에만 기록된다. 일반적으로 전화를 걸 때처럼 전화번호를 하나하나 손으로 입력했을 때는 추적이 이뤄지지 않는다.

그리고 통화 이력을 추적하기 위해 시스템을 구축하다 보니 050으로 시작되는 가상 번호를 써야만 한다. 학부모가 일시적으로 혼선을 느낄 수 있는 부분이다. 분명 학원으로 전화를 걸었는데 스마트폰 화면에 050으로 시작되는 번호가 뜨면 어떨까? 당혹감을 감출 수 없을 것이다. 이 부분을 일반 사용자들이 얼마나 적응하느냐가 관건이다.

이 비즈 넘버는 지도 등록을 할 때 상세 정보 입력 단계에서 사용 유무를 선택할 수 있다. 사용 여부는 여러분의 판단에 맡기겠다. 다만 이러한 단점에도 불구하고 비즈 넘버를 왜 사용하는지를 잘 생각해 보면 좋겠다.

🔑 네이버 예약

네이버 예약 시스템을 활용하면 보다 능동적으로 학부모와 상담할 수 있다. 가장 큰 특징은 24시간 상담 예약을 받을 수 있다. 그동안 학원 상담은 대체로 전화를 통해야 했다. 그러나 운영 시간은 정해져 있고 이에 상담을 하지 못하는 사례가 적지 않았다. 사람들은 대부분 시간이 지나면 흥미가 반감된다. 여러 학원을 알아보던 중 흥미를 느꼈으나 하루가 지나자 그 흥미 자체를 잊어버릴 수가 있다. 네이버 예약은 그런 고객과 연결시켜 준다. 네이버 예약을 통해 고객 정보를 받았으므로 반대로 전화를 걸어서 2차 응대를 할 수도 있다.

이미지 25 네이버 예약

　네이버 예약은 무료로 제공되는 서비스다. 사업자뿐만 아니라 이용자에게도 수수료가 발생하지 않는다. 학부모가 예약을 하면 학원장과 학부모 모두에게 예약 문자가 무료로 보내진다. 더불어 예약한 시간이 가까워졌을 때 예약 확인 문자도 발송해 준다. 예약을 취소해도 서로 간에 문자를 통해 알려 준다. 서로 잊어버릴 일이 없으므로 손쉬운 응대가 가능하다. 소통하는 데 들어가는 문자 비용을 사업자에게 전혀 부과하지 않는다.

　네이버 예약을 위젯으로 만들면 온라인 비즈니스에서도 유용하게 활용할 수 있다. modoo 홈페이지·블로그·카페·SNS에 예약 버튼을 넣어 놓으면 어디에서나 상담 예약을 받을 수 있다.

네이버 톡톡

　네이버 톡톡 서비스는 카카오톡과 비슷하다. 이 기능을 통해 학원 상담을 톡으로 해결할 수 있다. 학부모가 전화를 걸거나 학원에 방문하지 않더라도 간단한 문의를 하도록 소통 채널을 열어 둘 수 있다.

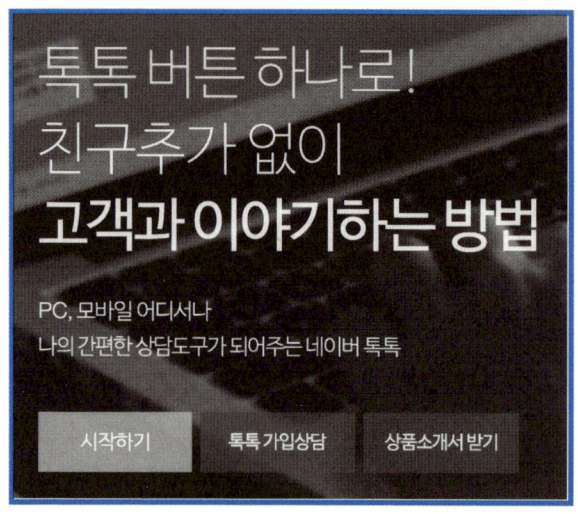

이미지 26 네이버 톡톡

네이버 톡톡 서비스는 학부모가 자신의 개인 정보를 드러내지 않고도 문의할 수 있다는 점에서 매우 유용하다. 개인 정보 노출도 없고 접근성도 좋다. 카카오톡 서비스는 친구 신청이 이뤄져야 하는 데 비해 네이버 톡톡은 정보 노출을 하고 싶지 않은 학부모도 상담 문의를 할 수 있다. 톡톡 서비스로 한 번 문의했던 사람에게 별도의 메시지를 보낼 수 있다는 장점도 있다. 문의를 했다는 것은 관심이 있다는 증거이므로 별도의 혜택을 담아서 2차 마케팅을 진행할 수도 있다.

네이버 톡톡 서비스를 예약 서비스 옆에 붙여 놓으면 더욱 효과적이다. 예약을 고민하다가 톡톡 서비스를 통해 간단히 문의할 수도 있다. 네이버 예약과 톡톡 서비스는 한 세트라고 봐도 무방하다.

지금까지 지도 등록과 함께하면 좋을 세 가지 서비스를 소개했다. 비즈 넘버, 네이버 예약, 네이버 톡톡 서비스는 제대로만 활용한다면 효과적인 응대가 가능한 기능들이다. 그러나 도입은 신중해야 한다. 도입만 해 놓고 관리를 제대로 하지 않는다면 오히려 불편함을 줄 수도 있다. 한 예로 톡톡 문의에 답변이 늦어진다면 학부모는 짜증을 낼 것이다. 담당자의 역할이 중요한 것이다. 아무리 유용한 기능이라도 학원의 운영 관리와 맞는 서비스인지 충분히 고민하고 도입하기를 권한다.

5장.

온라인 마케팅 거점 만들기

학원 마케팅은
블로그를 중심으로 세팅하자

　온라인 마케팅을 시작할 때 블로그·카페·페이스북·인스타그램·유튜브 모두에 관심을 가지는 분들이 있다. 마케팅 경험이 부족할 때는 초반부터 여러 채널에 욕심을 부려서는 안 된다. 채널이 많은 만큼 콘텐츠 생산과 운영 관리에 어려움을 겪을 수밖에 없다. 막상 해 보니 쉬워서 가입했지만 결국에는 수습조차 힘들어 하며 유령 계정만 쌓이게 될지도 모른다. 따라서 여러 채널보다는 하나라도 꾸준히 운영하는 것을 추천한다.

　고객을 모으는 가장 효과적인 채널은 업종에 따라 다르지만, 온라인 마케팅의 기본은 분명 '블로그'다. 특히 학부모를 대상으로 하는 학원 마케팅은 더욱 그렇다. 검색이 있는 한 절대로 사라지지 않을 것만 같은 채널이기도 하다. 네이버도 블로그를 중심으로 알고리즘을 개발하고 다른 채널로 확대해 왔다.

블로그가 예전 같지 않다고 주장하는 사람들이 있다. 실제로 다수의 마케팅 전문가가 블로그를 떠나 티스토리나 소셜 미디어로 이동했다. 이러한 현상은 역설적으로 블로그만 하는 사람들에게 더 많은 기회가 된다. 블로그는 여전히 정보 검색 도구로 활용되고 있기 때문이다. 배경에는 불안감이 있다. 혹여 선택을 잘못할 수도 있지 않을까 싶은 것이다. 그래서 검색을 통해 판단 기준을 세운다. 학원처럼 선택이 어려운 상품일수록 정보 취득에 대한 욕구는 강해진다. 공식 블로그에 있는 학원의 자기주장도 의사 결정 과정에서 참고 자료가 된다.

물론 블로그를 운영할 때 유의할 점은 있다. 전단지처럼 직접적인 광고 글은 반감을 살 수 있다. 그동안 오프라인 광고는 광고의 목적이 대체로 강했다. 자극적이고 시선을 사로잡는 데 집중했다. 하지만 온라인은 다르다. 정보를 얻고자 검색한 글에서 끌어당기고자 하는 목적이 강하게 느껴진다면 곧바로 이탈해 버린다.

온라인 마케팅은 정보를 줘야 한다. 정보를 준다는 건 다른 말로 '문제 해결'이다. 교육 문제를 다루고 우리 학원만의 지도 방식과 관리법을 이야기함으로써 학부모로 하여금 자녀의 변화를 예상하게 해야 한다. 내 자녀의 문제를 해결해 주는 정보를 제공했을 때 상위 노출과 별개로 상담 문의가 늘고, 이미 설득이 된 채로 학원을 방문한다.

이제는 블로그를 시작하기 위한 기본 기능부터 살펴보자.

블로그 시작,
기본 세팅하기

처음 학원장들을 모아 놓고 온라인 마케팅 교육을 하던 때가 생각난다. 당시 나는 3시간 동안 상위 노출 방법뿐만 아니라 운영 노하우를 대방출하듯이 다양하게 알려 줬다. 10년의 실무 경험에서 나온 핵심들을 알려 줬다고 생각했다. 학원에 맞춰 커리큘럼을 짰다는 자부심도 있었기에 교육 만족도도 클 것이라 생각했다. 이런 마음으로 강의를 들었던 분들이 어떻게 실행해 나가는지를 지켜봤다. 그런데 아이러니하게도 실행하는 원장이 없다시피 했다. 처음엔 원장은 원래 바쁘니 시간이 없어서 그런가 싶었다. 그래서 상위 노출 노하우 부분에서 필요성을 보다 부각시켜 설명했다. 필요성을 느끼면 하지 않을까 싶었던 것이다. 하지만 여전했다. 관심도는 더 높아졌지만 실행까지 이어지지 않았다.

원인은 기본기에 있었다. 워낙 바쁘다 보니 스스로 연구하지 않았고, 그러다 보니 실행까지 이어지지 않았다. 기본부터 실천 방법을 하나 하나 꼼꼼히 챙겨 줘야 한다는 걸 그때 깨달았다. 더구나 컴퓨터에 능숙하지 않은 분이 많았다.

그래서 상위 노출 노하우보다 기초 기능을 살펴볼 필요성을 느꼈다. 초심자가 모든 기능을 알 필요는 없다. 가장 기본적인 몇 가지, 꼭 필요한 기능만 살펴보자. 블로그 운영 경험이 있다면 이 꼭지는 가볍게 건너뛰어도 괜찮다.

블로그를 시작할 때 꼭 필요한 5가지는 다음과 같다.

- 블로그 아이디
- 블로그 정보
- 레이아웃
- 스킨
- 카테고리

블로그 아이디 만들기

네이버 블로그는 회원 가입만 하면 자동으로 만들어진다. 회원 아이디가 곧 블로그 주소인 셈이다. 누구나 네이버 개인 계정 하나쯤은 가지고 있을 것이다. 그런데 영문 이름이나 숫자가 포함된다면 전문성이 떨어져 보일 수 있다. 공식 블로그용 아이디는 학원을 연상시키는 단어 조합으로 만드는 것이 좋다.

더불어 공식 블로그 계정은 반드시 원장이 관리해야 한다. 부원장이나 상담실장, 교사 개인 계정은 인연이 끊기면 소유권 문제가 발생할 수 있다. 적어도 가족 명의로라도 만들어야 안전하다.

블로그 정보

블로그 정보는 방문자에게 우리 학원을 소개하는 공간이다. 다음은 기본 정보 입력 화면이다.

이미지 27 블로그 기본 정보 입력 화면

》》 제목

제목에는 콘셉트가 잘 묻어나야 한다. 여기서 작성한 문구는 네이버에서 검색했을 때 노출되는데, 제대로 보이게 하려면 글자 수는 15자를 넘지 않아야 한다.

》》 별명

별명은 방문자와 댓글로 소통하는 이름이다. 학원 브랜드를 연상시키거나 친근감 있게 불릴 수 있도록 짓는다.

》》 소개 글

학원 특징을 소개하는 곳이다. 이곳에 상담용 전화번호나 사업자 정보를 넣기도 한다. 인사 글을 통해 방문자에게 친근감을 줄 수 있다.

》》 블로그 프로필 사진

운영자를 드러낼 수 있는 사진을 올린다. 얼굴 공개가 부담스럽다면 컴퓨터를 보고 있는 옆모습도 괜찮다. 가급적 사람의 형태가 보여야 방문자가 친근감을 느낀다. 사진 사이즈는 161픽셀로 준비한다.

⊙ 레이아웃

레이아웃은 블로그 틀이다. 블로그를 방문하다 보면 레이아웃이

조금씩 다르다는 걸 알 수 있다. 어떤 블로그는 넓은 화면에 사진이 시원하게 보여지는데 어떤 블로그는 답답하기 그지없다.

이는 블로그 운영자가 본인의 스타일에 따라 레이아웃에 변화를 줬기 때문이다.

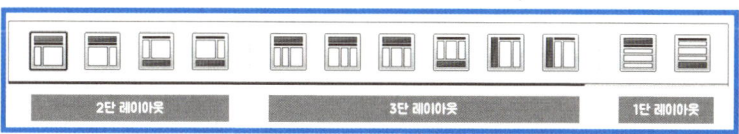

이미지 28 1단, 2단, 3단 레이아웃

블로그 레이아웃은 1단, 2단, 3단으로 구성된다. 운영 중에도 변경이 가능하지만 구조가 달라지면 자주 방문하는 이웃에게는 혼란을 줄 수 있으므로 처음부터 하나로 정하는 게 좋다. 그럼 내게 어울리는 레이아웃을 살펴보도록 하자.

》》 1단 레이아웃

사진이 많거나 홈페이지형 블로그인 경우 선호하는 유형이다. 사진이 최대 900픽셀이 등록되므로 뷰티·여행·맛집 블로그에 적합하다. 요즘에는 학원 블로그도 홈페이지형이 많다. 단점이라면 방문자가 검색한 글을 읽은 다음 두 번째 글을 읽기 위해서는 맨위나 맨아래로 가서 카테고리를 찾아야 하는 번거로움이 있다.

》 2단 레이아웃

가장 많이 사용하는 레이아웃이다. 가로 사이즈는 740픽셀이다. 글을 읽는 도중이라도 좌측 또는 우측 사이드 바를 통해 카테고리나 위젯으로 두 번째 행동을 유도할 수 있다.

》 3단 레이아웃

본문 양쪽에 바가 있는 레이아웃이다. 본문 가로 사이즈가 550픽셀로 답답한 느낌을 준다. 양쪽 바에 홍보 배너를 여러 개 게시할 수 있지만 학원 블로그는 되도록 광고 홍보 느낌을 주지 않아야 하므로 추천하지 않는 편이다.

이미지 29 레이아웃 설정 화면 들어가기

레이아웃을 변경하고 싶다면 관리 메뉴에서 '관리 → 꾸미기 설정 → 디자인 설정 → 레이아웃·위젯 설정'으로 들어가면 된다.

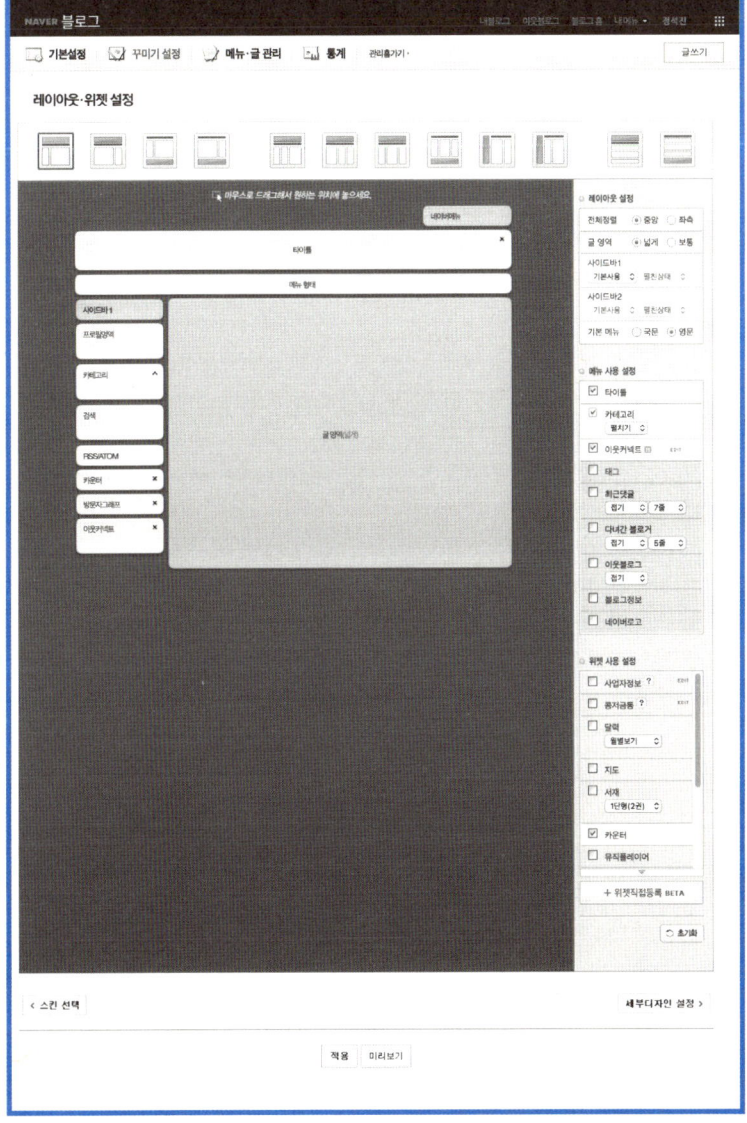

이미지 30 블로그 레이아웃 꾸미기 화면

블로그 레이아웃 꾸미기 화면이다. 사용자마다 설정이 다르므로 '이미지 30'과 다르게 보일 수 있다. 먼저 레이아웃을 선택한 후 메뉴 사용 설정을 해 보자. 마음에 들지 않는다면 언제라도 체크 해제를 할 수 있다. 여러 가지를 시도해 보며 나만의 레이아웃을 꾸며 보자.

⊙ 눈길을 끄는 스킨

블로그를 탐방하다 보면 브랜드 메시지가 제대로 드러난 곳이 있다. 대체로 보면 상단 스킨을 잘 활용한 케이스다.

블로그 스킨은 깔끔하게 디자인하는 것이 좋다. 너무 화려하면 피로감을 주거나 정보 습득에 방해가 될 수 있다. 학원 블로그는 프로그램 특징이 잘 드러날 수 있는 슬로건이나 상담 유도를 위한 전화번호를 포함시킨다. 네이버에서 검색하도록 학원명을 넣기도 한다. 그러면서 전반적으로 홍보 느낌을 주지 않아야 한다.

최근에 네이버 아이디를 만들었다면 블로그에 입장 시 보이는 기본 스킨은 '이미지 31'과 같은 형태를 띨 것이다.

기본 스킨으로는 학원의 특징을 드러내기가 어렵다. 스킨을 변경해야 한다. 스킨은 네이버에서 무료로 제공해 주는 것을 쓰는 방법과 사용자가 직접 디자인해서 등록하는 방법이 있다.

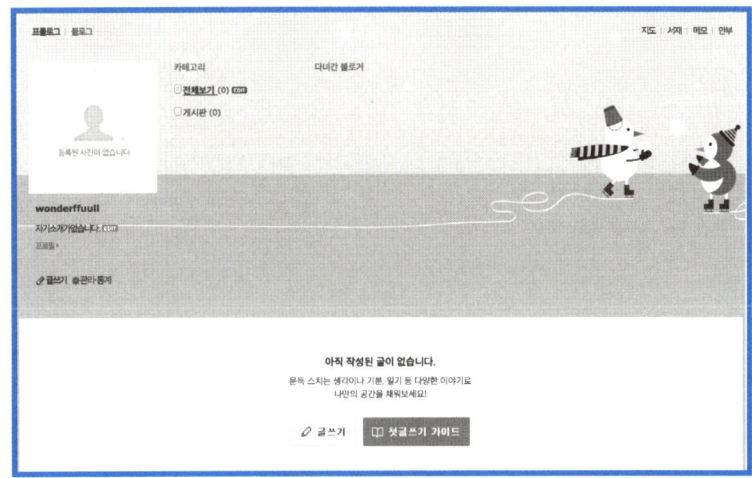

이미지 31_아이디 생성 후 블로그 첫 화면

》》무료 스킨 등록

이미지 32_블로그 관리자 메인 화면

스킨은 관리 메뉴에서 바꿀 수 있다. '관리 → 꾸미기 설정 → 스킨 → 내 스킨 관리'를 클릭한다.

이미지 33 아이템 팩토리 바로가기

스킨 선택 화면에 처음 입장했다면 '이미지 33'처럼 빈 화면이 보일 것이다. 무료 스킨을 받으려면 오른쪽 상단에 '아이템 팩토리 바로가기'를 선택해야 한다.

이미지 34 무료 스킨을 위한 아이템 팩토리

아이템 팩토리에는 네이버가 무료로 제공하는 스킨이 가득 모여 있다. 2018년 6월 기준으로 13만 개가 넘는다. 인기 스킨이나 검색어를 통해 적당한 스킨을 선별한다. 나의 경우 'Study'라는 검색어를 넣고 적당한 스킨을 선택해 봤다.

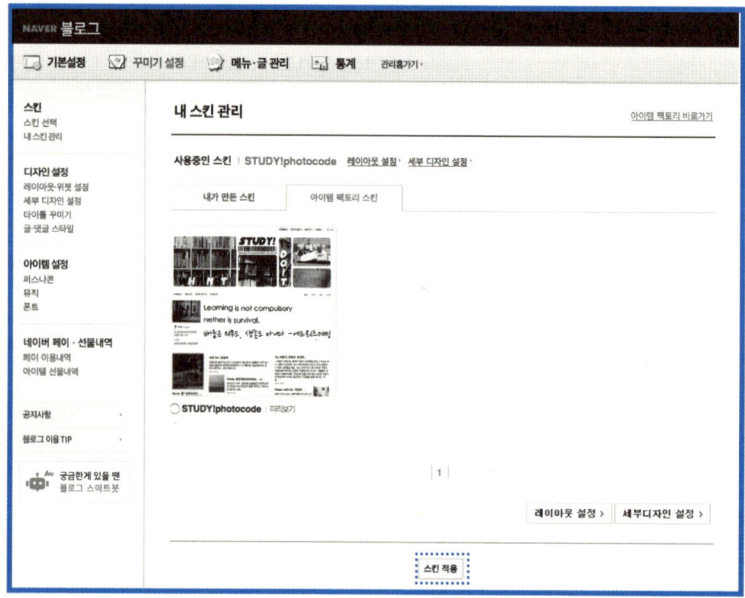

이미지 35 아이템 팩토리 스킨

스킨 보관함에 내가 선택한 스킨이 담겼다. 스킨을 선택해서 '스킨 적용'을 누른다.

이미지 36 블로그 스킨 화면

블로그 스킨이 적용되었다. 무료 스킨은 자유롭게 변경이 가능하므로 마음에 들 때까지 시도해 봐도 괜찮다.

⟫⟫ 나만의 스킨 직접 등록

공식 블로그를 운영하려면 우리 학원의 특징을 스킨에 담아낼 필요가 있다. 나만의 스킨을 꾸미고 싶다면 블로그 상단에서 '내 메뉴 → 리모콘'을 누르면 된다.

이미지 37 리모콘 화면

리모콘 화면이다. 리모콘 사용법을 익혀 두면 상단 스킨뿐만 아니라 나만의 독특한 스타일로 블로그를 꾸밀 수 있다.

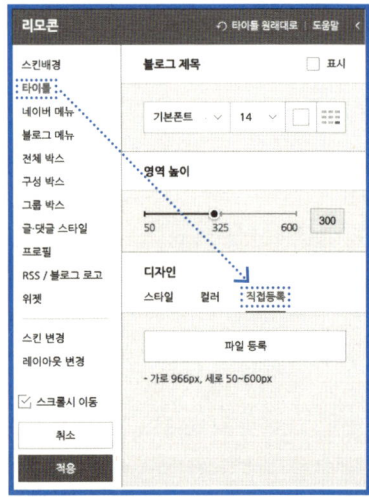

이미지 38 타이틀 스킨 직접 등록 화면

직접 디자인한 스킨은 '직접등록'을 눌러 등록할 수 있다. 스킨은 주어진 규격에 맞게 준비한다. 가로 사이즈는 966픽셀을 지켜야 하고, 세로 사이즈는 50~600픽셀까지 자유롭게 조절할 수 있다.

카테고리

블로그에서 카테고리는 매우 중요하다. 카테고리 제목은 어떤 내용을 모았는지 직관적으로 이해할 수 있게 정해야 한다. 다음은 카테고리 예시 화면이다.

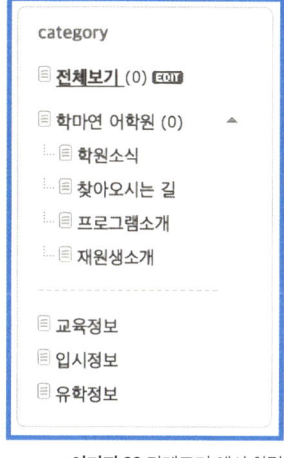

이미지 39 카테고리 예시 화면

생성 숫자

초반에는 카테고리 개수를 4~6개가량 만들어 가볍게 시작한다. 의욕이 앞선 나머지 앞으로 운영할 것까지 미리 만들 필요는 없다. 당분간 글이 하나도 없는 빈 카테고리가 존재할 테고 그 빈 카테고리가 싫어 콘텐츠를 채우려다 보면 상당한 버거움을 느낄 것이다. 그러다 보면 지칠 수 있다. 빈 카테고리를 둘 경우 방문자가 관심 분야라고 생각하고 클릭했는데 등록된 글이 없어 기분이 상한 채 이탈하는 경우가 생길 수 있다. 그럼에도 계획적으로 운영하고 싶다면 일단은 만들어 두고 비공개로 설정해 놓자. 나중에 첫 글을 쓸 때 하나씩 공개하는 방법도 있다.

제목 짓기

제목은 간결하게 짓는 게 좋다. 어떤 주제가 모여 있는지 직관적으로 이해된다면 잘 지은 거다. 글자 길이도 신경 써야 한다. 만약 8자를 넘기면 다음 줄로 넘어가면서 상당히 지저분해 보인다.

》》배치·나열

핵심 주제가 상단에 오면 좋다. 강점을 먼저 어필하는 것이다. 학원 프로그램, 찾아오는 길, 공지 사항, 재원생 스토리 등 학원 관련 정보도 상단에 배치한다. 학부모가 관심을 가질 만한 주제를 먼저 보여 줌으로써 긍정적인 이미지를 느끼게 한다.

》》카테고리 관리 설정

카테고리 관리 설정은 중요하다. 기능별로 살펴보도록 하자. 관리 설정은 카테고리 옆에 'Edit' 버튼 또는 '관리 → 메뉴·글 관리 → 메뉴 관리 → 블로그'를 통해 들어갈 수 있다.

❶ 페이지당 포스트 : 블로그 한 페이지에 포스트를 몇 개 보여 줄지 선택한다. 기본은 3개로 지정되어 있지만 일반적으로는 1개로 변경해 운영한다.

❷ 카테고리 추가 : 카테고리 생성 버튼이다. 버튼을 클릭하면 카테고리가 만들어지고 이름을 바꿀 수 있다. 2단 구성이 가능하고 위치도 자유롭게 조절할 수 있다.

❸ 구분선 추가 : 주제별로 구분이 필요할 때 사용한다. 구분선은 메뉴 집중도를 높여 준다.

❹ 삭제 : 사용하지 않는 카테고리를 삭제한다. 글이 등록된 카테

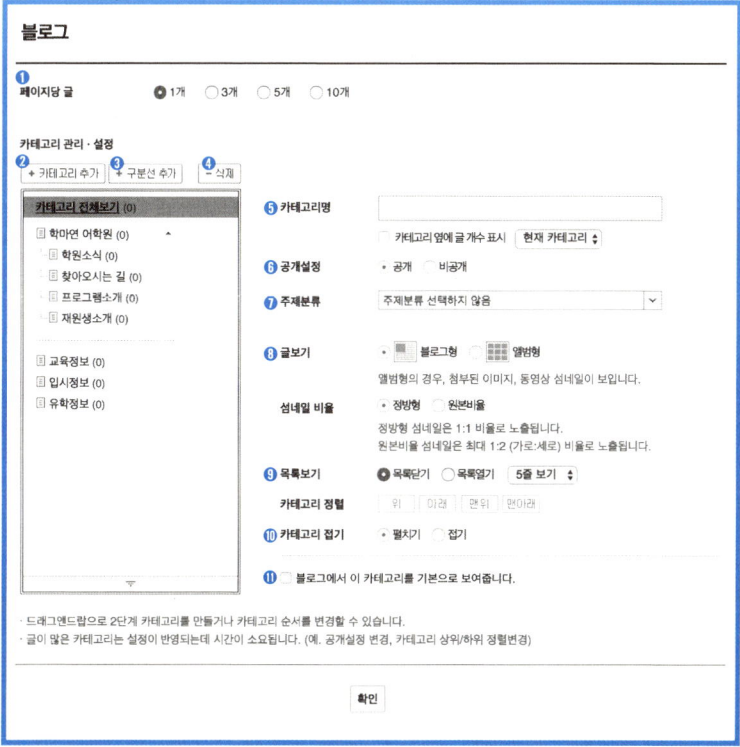

이미지 40 카테고리 관리 화면

고리는 삭제되지 않는다. 실수를 방지하기 위해서다. 삭제하고 싶다면 남기고 싶은 포스트를 다른 카테고리로 옮겨야 한다.

❺ 카테고리명 : 주제 이름이다. '카테고리 옆에 포스트 수 표시'를 체크하면 게시 글 수가 괄호로 표시된다.

❻ 공개 설정 : 공개와 비공개로 지정할 수 있다. 공개는 모든 사람이, 비공개는 블로그 운영자만 볼 수 있다. 미리 카테고리를 만들었다면 '비공개'로 했다가 글 작성 시점에 하나씩 활성시키면

된다.

❼ 주제 분류 : 주제를 설정할 수 있다. 해당 카테고리 글이 공통된 주제라면 여기서 미리 설정하면 편리하다. C-Rank 알고리즘이 도입된 지금은 꼭 체크하는 게 좋다.

❽ 글 보기 : '블로그형'과 '앨범형'으로 선택할 수 있다. 블로그형은 카테고리를 선택했을 때 사진과 글이 보이고, 앨범형은 사진만 보여 준다. 일반적으로는 '블로그형'으로 설정한다. 재원생 활동 사진이 많은 카테고리는 '앨범형'을 선택한다.

❾ 목록 보기 : 게시 글의 목록을 열고 닫을 수 있다. 글이 좋으면 펼쳐진 항목에서 다른 글을 선택하므로 페이지 뷰를 높일 수 있다.

❿ 카테고리 접기 : 카테고리가 2단 구성이라면 1단 카테고리를 접을지 펼지를 선택할 수 있다. 중요하지 않은 카테고리를 모아서 접으면 깔끔해진다.

⓫ 블로그 카테고리 기본 : 블로그에서 기본적으로 보여 주고 싶은 카테고리에 체크한다. 랜딩 페이지로 응용하면 아주 효과적이다. 이곳에 체크하면 블로그 주소만으로도 유입된 사용자에게 특정 게시 글을 가장 먼저 보게 할 수 있다. 예를 들면 지도 등록에서나 전단지에 URL 등록, 학부모끼리 카톡으로 블로그 주소를 공유했을 때 처음 보는 글을 의도적으로 보여 줄 수 있다.

상위 노출과 관련이 있는 부분이 '주제 분류'다. 이전에 네이버 알고리즘을 설명할 때 C-Rank에 대해 살펴본 바 있다. 그때 C-Rank에 맞는 블로그로 육성하기 위해서는 전문적인 주제를 선정하는 게 유리하다고 말한 바 있다. 주제는 스마트에디터에서도 설정할 수 있지만 발행할 때마다 선택해야 하는 번거로움이 있다. 이곳에서 미리 지정해 놓으면 매번 지정하지 않아도 되므로 편리하다. 발행할 때 실수로 누락하는 일도 없다.

카테고리까지 만들었다면 블로그 운영의 기본이 갖춰진 것이다. 이제는 글을 직접 작성해 보자.

Tip 9
상위 노출에 유용한 스마트에디터 숨은 기능 활용하기

네이버는 방문자가 읽기 좋은 글을 작성하도록 스마트에디터라는 편집 프로그램을 제공하고 있다. 스마트에디터는 MS-Word나 아래아 한글처럼 편집 프로그램을 써 본 사람이라면 쉽게 작성할 수 있을 정도로 단순하다. 클릭 몇 번으로 글씨체와 글씨 크기를 정하고, 이미지나 동영상도 손쉽게 불러와서 넣을 수 있다. 게다가 학원으로 방문을 유도하기 위한 지도 등록이나 상담 전화까지 끌어와 쓸 수 있다.

스마트에디터에 상위 노출에 도움을 줄 수 있는 몇 가지 팁이 숨어 있다. 이번 팁을 설명하기 위해서는 '웹 표준'과 '검색 엔진 최적화(SEO)'에 대한 이해가 필요하다.

웹 표준이라고 하면 스마트폰·태블릿·PC 화면뿐만 아니라 브라우저에서도 홈페이지 내용이 깨지지 않도록 소스 코드를 표준화한 규칙을 말한다. 얼마 전까지만 해도 네이버는 웹 표준에 취약했다. 스마트 스토어·네이버 TV 등 새로운 서비스가 등장하는 가운데서도 오랫동안 써 오던 시스템을 개선하는 데 시간이 걸렸다. 우리나라에서 익스플로러 사용량이 절대적이었던 점과 오랜 기간 PC 외에는 사용자층이 많지 않았던 것도 원인이었을 것이다. 문제는 스마트폰 사용량이 늘고부터다. 안드로이드용과 애플용 브라우저로 다양화되면서 사용자 인터페이스(UI·UX)뿐만 아니라 보안에 취약점을 드러내기 시작했다. 여기에 사용자가 올리는 콘텐츠가 여전히 취약한 소스 코드와 함께 네이버 DB에 쌓였다. 대행사를 포함한 개발을 조금 아는 마케터들은 이런 허점을 파고들었다. 이에 네이버는 사용자가 작성하는 콘텐츠에도 웹 표준을 적용시켜야 했다.

이렇게 탄생한 것이 스마트에디터 3.0이다. 2015년 11월에 발표된 스마트에디터는 이전 버전에 비해 웹 표준 문제를 해소했을 뿐만 아니라 사용자 편의성 면에서도 UI뿐만 아니라 SEO까지도 개선했다. 웹 표준이 맞춰졌다는 것만 이해하고 스마트에디터 3.0 버전을 사용하면 된다. 앞으로 새롭게 나올 스마트에디터 4.0에도 이 기능은 유지될 것이다.

이번 팁에서 주목할 것은 상위 노출에 영향을 주는 SEO 알고리즘이다. SEO 알고리즘은 문서를 분석하고 중요도를 계산해서 노출에 가산점을 준다. 일부에서는 'SEO=키워드 반복'이라며 잘못된 정보를 주고 있다. 하지만 검색 엔진 알고리즘이 진화할수록 키워드 반복은 페널티 요소가 되고 있다.

SEO 알고리즘의 최종 목적은 평소에 사람들이 쓰는 문장을 이해하는, 자연어를 인식하는 것이다. SEO 알고리즘은 키워드와 주변 문장을 통해서 주제를 분석한다. SEO 알고리즘은 문서의 주제를 파악하여 노출 순위를 규정하는데 방법은 아마 수백 가지나 될 것이다. 대부분은 비공개지만 다행스럽게도 문서 내에서 중요도를 체크하는 몇 가지 규칙을 공개해 놓았다. 그걸 네이버가 스마트에디터 3.0부터 소스 코드에 적용시키고 있다. 우리는 소스 코드를 몰라도 간단한 클릭만으로 이것을 활용할 수 있다.

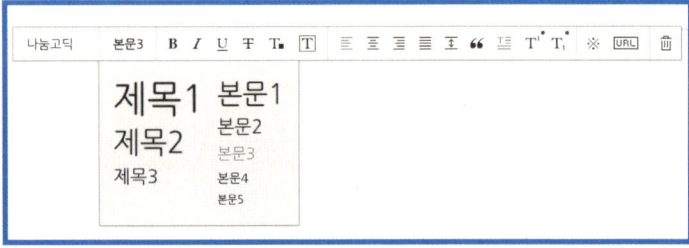

이미지 41 스마트에디터 텍스트 문서 강조 요소

스마트에디터에서 우리가 주목할 것은 '글자 크기', '굵기', '기울임', '언더 라인', '글자색 반전'이다. 제목에 사용한 키워드와 문장 속에 쓰인 단어들이 더해졌을 때 알고리즘은 해당 문서가 어떤 주제에 집중하고 있는지를 파악한다. 글자를 강조하는 이 몇 가지 기능들을 키워드, 유의어, 반의어에 적용해 보자. 네이버가 구글처럼 SEO 알고리즘을 적용하고 있다면 가산점으로 작용할 것이다.

상위 노출과 클릭을 유도하는
제목 만들기

제목은 내용을 파악하고 기억하게 하는 틀이다. 만약 제목 없이 내용만 보면 어떨까? 아마도 핵심을 파악하지 못해 답답함을 느낄 테고 기억도 나지 않을 것이다.

EBS〈다큐프라임〉'공부의 왕도–인지 세계는 냉엄하다' 편에서 제목의 중요성과 관련해 재미난 실험 하나를 선보였다. 실험에 참가한 학생을 A, B 두 그룹으로 나눈 후 글자가 적힌 종이를 나눠 준다. 내용은 동일했고 상식선에서 이해되는 간단한 글이었다. 다른 점이 있다면 A팀은 제목이 '빨래하기'였고, B팀은 제목이 빠져 있었다. 실험 대상자들에게 빠른 속도로 읽게 하고 무슨 내용인지 설명하게 했다. 결과는 어떠했을까? A팀 대부분은 주제를 벗어나지 않은 답변을 내놓은 데 반해

B팀의 답변은 다양했다. "빨래보다는 청소", "분리수거", "재활용"처럼 제대로 핵심을 짚지 못했다. 제목의 유무가 내용을 받아들이는 데 영향을 끼친다는 점을 알 수 있었다.

블로그에서 제목은 내용 이해뿐만 아니라 '호객꾼' 역할도 한다. 사람들은 비슷한 종류의 글 중 어떤 글을 읽을지 고민한다. 모든 글을 순서대로 읽는 사람도 있지만 몇 개만 골라서 읽는 사람이 대다수다. 따라서 제목으로 시선을 사로잡는다면 내 글보다 위에 있는 글을 제쳐 두고 선택받을 가능성이 높다. 상위 노출만큼이나 클릭을 유도하는 문구 작성이 중요한 이유다.

내가 제안하는 방법은 두 가지다. 네이버 노출 로직에서 검색되는 것과 사용자의 클릭을 유도하는 것이다.

제목은 검색되도록 지어라

제목에서 주제의 중요성을 언급했다. 블로그에서 주제는 곧 키워드다. 네이버는 키워드를 기준으로 노출시킨다. 키워드가 검색엔진 노출 로직의 핵심인 셈이다. 지금껏 키워드의 중요성을 지속적으로 강조한 이유가 이것이다. 네이버는 키워드를 기준으로 문서 내 주제의 관련도를 체크한다. 아무리 좋은 콘텐츠라도 제목에 키워드가 포함되지 않으면 해당 문서가 어떤 주제로 쓰였는지 알 수가 없다. 그래서는 노출되지 않는다.

블로그를 분석하다 보면 글의 개수가 많고 내용도 좋은데 방문자 수가 적은 곳이 있다. 이런 블로그들은 공통점이 있다. 하나같이 키워드를 활용하지 못하고 있었다. 제목에 구체적인 키워드가 없다면 노출에서 밀려 방문자를 유입시키지 못한다.

》》》 수학 학원 키워드 예시
- 대치동초등수학학원
- 대치동초등수학학원추천
- 대치동입시학원

네이버는 사용자들에게 특정 검색어를 사용하도록 적응시켜 왔다. 더불어 검색한 키워드와 관련이 높은 글을 상위 노출시킨다. 그러므로 제목에는 반드시 키워드를 포함시켜야 한다. 이것이 핵심이자 필요충분조건이다.

⊙ 제목은 클릭되도록 지어라

키워드를 찾았다면 그다음은 검색한 사람에게 시선을 붙잡아 둬야 한다. 노출이 되었다 하더라도 클릭이 되지 않으면 의미가 없다.

아래 이미지를 살펴보자.

블로그 1-10 / 10,572건

대치동 수학학원 2학기 내신대비 알아봤어요 2018.08.10.
초중등 수학은 시작부터 차근차근 공부하면서 상위권 실력까지 올려놓기에 짱솔학원 같은 곳에 보내는게 도움이 많이 됐던 것 같아요. 대치동 외에도 평촌학원이 쭉...
... blog.naver.com

대치동 수학학원 추천해 달래서 얘기해줌 2018.07.10.
그리고 중학교 3년을 내내 다녔는데 나처럼 태어날 때부터 수학을 잘하지 않은 보통 학생이라면 추천해주고 싶어 내가 대치동 수학학원을 짱솔학원 여기서 다녔던 것도...
... 공부블로그 ... blog.naver.com

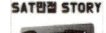
대치동 수학학원 강의하는 아이들, SAT시험 만점 스토리 2018.07.27.
대치수학학원 강의하는 아이들 한기언 선생님 한기언 선생님과의 인연으로 이때... "최 군은 찌는 듯한 7월의 어느날, 대치동 수학학원 강의하는 아이들에 다시...
... 공식블로그 ✓ blog.naver.com

대치동 수학학원 고1 내신대비하고 있어요~~ 2018.08.28.
전에 이과 상위권 학생들이 많이 다니는 대치동 수학학원이라고 얘기를 들었어서... 아이가 다니는 대맥 수학학원에서는 개념, 문제풀이, 역질문, 첨삭, 테스트를...
...와 함께 ... blog.naver.com

이미지 42 블로그 검색 결과 예시

'대치동 수학학원'으로 검색해서 노출된 글이다. 제목에 검색한 키워드가 모두 포함되어 있다. 이미 노출이 되었다면 키워드는 동일한 조건이 되어 버린다.

키워드만으로는 시선을 사로잡을 수 없다. 그러므로 클릭을 유도할 매력적인 문구가 있어야 한다. 다음은 문구를 만드는 예시다. 제목을 만들 때 활용해 보자.

》》 타깃 넣기

타깃이 명확하면 그 범주 안에 드는 사람의 시선을 사로잡을 수 있다. 타깃이 구체적이면 글의 내용도 명확해져 설득이 쉽다. 반면 타깃의 범위가 넓으면 누구에게도 전달하지 못하는 글이 될 수 있다.

블로그 포스팅을 할 때는 딱 한 명에게 이야기를 한다는 생각으로 작성하는 게 좋다. 예를 들어 초·중·고 학원이라면 초등, 중등, 고등을 따로 잡아서 글을 써야 한다. 중학생은 특목고, 상위권, 중위권, 수학에 불안을 느끼는 학생 등 구체적으로 잡을수록 해법이 명확해진다. 예시를 하나 공개한다.

- 자유학년제로 중1 시험이 사라졌다, 실력 점검은 어떻게?

》》 방법·노하우

방법과 노하우는 특정 관심사에 효과적이다. 학부모가 고민하는 주제를 찾아서 해법을 제시해 보자.

- 특목고를 목표로 하나요? 학생부 관리 이렇게 해 보자.

》》 이유·궁금증

이유를 제시하면 호기심이 발동한다. 정보성과 상관없이 궁금증을 해소하려는 욕구가 발동한다.

• 아이들이 수업이 끝나도 곧바로 집으로 가지 않은 이유는?

》》숫자 사용

문장 안의 숫자는 시선이 머물게 한다. 문장 안에 어색하게 들어앉아 있어서다. 내용이 일목요연하게 정리되었다는 느낌과 함께 항목별 메시지가 구체적인 듯 보여진다.

• 중학교에 올라가기 전 알아 두면 좋은 7가지 공부 노하우

》》비교·대조

서로 다른 두 가지 대상으로 제목을 짓는 방법이다. 두 가지 키워드로 관심 대상을 넓힐 수 있다. 대비 구조는 보는 이로 하여금 호기심을 불러일으킨다.

• 주입식 부모 세대, 토론식 자녀 세대! 교육 트렌드가 변해 갑니다.

》》핵심을 숨김

제목에 여운을 주는 방식이다. 문장이 완성되지 않은 채 무언가를 숨기는 모양새를 취하면 보고 싶다는 생각이 든다. 말끝을 흐리는 방법은 생각보다 위력적이다. 뉴스 기사를 쓸 때 많이 활용된다.

• 중간고사 고득점의 비밀, 알고 보니

》》질문·답변

사람들은 질문을 받으면 생각을 한다. 반드시 해답이 있을 거라며 궁금해 한다. 평소 관심을 가졌던 주제라면 자신도 모르게 클릭하게 된다.

• 시험이 사라진 중1, 평가 기준은 알고 있나요?

블로그에서 제목은 9할의 역할을 할 정도로 중요하다. 한두 시간을 들여 가며 정성껏 작성한 글이 네이버 검색 노출에서 배제되거나 노출되더라도 사람들에게 선택되지 않는다면 얼마나 안타깝겠는가?

제목에 따라 성과가 달라진다. 그래서 제목 고민은 꼭 필요하다.

상담으로 연결되는,
설득하는 본문 글쓰기

　블로그는 소통을 기본으로 하는 채널이다. 그래서 광고 글에는 강한 거부 반응을 보인다는 특성이 있다. 초기에는 학부모를 가장한 가짜 후기도 어느 정도 효과가 있었다. 그러나 이제는 리얼 후기가 없다는 걸 학부모들도 알고 있다. 그래서인지 정보성 글도 열린 마음으로 받아들인다. 광고와 진솔한 글을 구분하는 능력이 생긴 것이다.

　학부모가 학원을 홍보해 주는 경우가 있다. 이때 적극 홍보해 주는 학부모에게 상위 노출까지 기대하지는 말자. 어쩌다 한 명 나온다 해도 지속적일 수 없다. 나는 정면 돌파 한다는 마음으로 학원 공식 블로그에 객관적인 사실을 전달해 봤다. 많은 학부모가 반응해 왔고 그때를 기점으로 학원이 성장하기 시작했다.

내가 주로 사용하는 방법을 소개한다. 본문 글쓰기 기법은 몇 가지로 정의하기 어렵다. 글의 성격에 따라 다양할 것이다. 그저 내가 제시하는 것을 샘플 삼아 자신만의 스타일을 만들어 보길 바란다.

🔑 키워드를 왜 검색했을까

본문 글쓰기는 '이 키워드를 왜 검색했을까'에 대한 고민에서 시작한다. 나는 키워드를 먼저 선정하고 글을 쓰는 습관이 있다. 키워드는 타깃을 추정할 수 있다. 고민을 해 보면 해결책은 비교적 쉽게 나온다. 그러고는 글의 맥락을 그려 보는 것이다. 이런 고민 속에서 흐름이 나오면 제목과 연결시킨다. 그렇게 설득하는 문구를 다시 수정할 수 있다.

🔑 글을 읽는 대상을 정해 놓고 쓴다

나는 타깃이 정해지면 그 대상이 모니터 건너편에 앉아 있다고 상상하는 편이다. 구체적인 대상을 마주하고 쓰는 것이다. 그러면 할 말이 명확해진다. 초등학원장이라면 초등 저학년 엄마들이 주로 하는 고민이 무엇인지 상담을 통해 알고 있을 것이다. 그 내용을 블로그 검색으로 얻으려는 학부모에게 전달하면 관심을 받을 것이다. 그리고 학부모들로 하여금 이 학원이라면 내 고민을 해소해 줄 거라는 기대감을 갖게 할 것이다.

🔑 공감 가는 글로 시작한다

정보가 비약적으로 증가한 요즘 시대에 첫 한 줄이 와닿지 않으면 대부분은 끝까지 읽지 않는다. 그래서 첫 줄의 역할이 중요하다. 글을 끝까지 읽어야 할지 말지를 결정하기 때문이다.

가장 추천하는 방식은 공감을 일으키는 문장이다. 어떤 글을 읽었을 때 내 심정을 대변하는 것 같은 첫 줄을 만난다면 마음이 움직일 것이다. 학원 블로그는 검색할 학부모에게 감정을 이입해서 문제를 드러내고 해결책을 줄 수 있음을 암시하면 좋다.

🔑 중요한 내용은 앞에 작성한다

블로그 글을 끝까지 읽어 보는 사람은 극소수다. 그래서 중요한 내용은 앞에서 언급해야 한다. 곧바로 해결책을 제시해야 한다. 일반적인 글에서 결론은 맨마지막에 나온다. 하지만 블로그는 반대로 해야 한다.

내 글이 아니더라도 같은 주제의 해결책을 제시해 주는 글은 주변에 널려 있다. 그러므로 대충 훑어보다 원하는 정보가 없으면 곧바로 이탈할 수 있다. 고민거리에 해결책을 제시함으로써 끝까지 읽어 내려가게 해야 한다.

⛙ 이익이나 혜택을 제시한다

해결책 다음에는 우리 학원을 선택해야 하는 이유·이익·혜택을 제시한다. 특별한 수업 방법이 있다면 그것을 강조하면 좋다. 수업에 별 특징이 없다면 다른 방향에서 학원의 강점을 만들어 나가야 한다. 수업 방식이 평범하다고 포기할 필요는 없다. 원장 자신을 어필할 수도 있다. 잘 관리해 줄 것 같다는 느낌을 받기 때문이다.

⛙ 학원의 강점을 구체적으로 보여 줘라

학원의 강점은 직접 보여 주는 것이 좋다. 보여 주는 방법으로 사진이나 사례가 있다.

보여 주기 위해서는 상당한 문장 실력이 필요하다 생각할지도 모른다. 하지만 내가 선택한 방법은 사진이다. 사진을 통해 재원생의 모습을 촬영해서 보여 주니 상당수의 학부모가 반응하고 상담 문의를 해 왔다. 사진을 잘 활용해 보자. 검색하는 학부모로 하여금 큰 차이를 느끼게 할 것이다. 제발 수학 학원에 빈 교실을 보여 주지 않았으면 한다. 수학이라는 과목에서 느껴지는 싸늘함이 사진을 통해 그대로 전해 온다. 사진에 찍히지 않으려고 머리를 책상에 파묻는 사진도 추천하고 싶지 않다. 친근감 있는 학원과는 거리가 있어 보인다.

행동을 직접적으로 유도하라

충분히 설득이 되었다면 반드시 행동으로 유도해야 한다.

나의 경우는 일반적으로 전화번호와 함께 학원 위치를 알리는 지도를 보여 준다. 이때 전화번호와 지도만 덩그러니 보여 주기보다는 행동을 유도하는 멘트를 함께 넣어 주면 좋다. '학원 프로그램이 궁금하거나 교육적인 상담이 필요하다면 부담 가지지 말고 언제라도 방문하라' 같은 행동 유발 멘트가 있으면 행동으로 옮길 가능성이 높아진다.

학원 블로그는 학원 관계자가 직접 운영하는 게 좋다고 여러 번 강조했다. 우리의 뇌는 납득이 될 때 움직인다. 심지어 어린 시절부터 자녀의 교육을 지켜봐 온 학부모를 설득하는 일이다. 학부모는 누가 썼느냐에 따라 설득당하고 관심을 가진다. 당연히 학원 관계자가 썼을 때 실무자이기에 신뢰도가 높을 것이다. 이때 강요하려 하지 말고 있는 그대로의 모습을 모아서 보여 주면 반응할 것이다. 블로그는 억지로 끌어당기기보다는 담담하게 정보를 줬을 때 사람의 마음을 움직일 때가 많다. 그래서 더욱 어렵다는 것을 매번 느낀다. 하지만 블로그는 노력하는 사람에게 꼭 성과를 준다.

절대로 광고 홍보는 하면 안 된다는 것, 블로그와 어울리지 않는다는 사실만 이해하길 바란다.

Tip 10
글을 베끼는 유사 문서가 블로그에 주는 영향은?

    입시를 지도해 본 경험이 있다면 자소서가 유사 문서에 걸린다는 걸 알고 있을 것이다. 특목고에 지원하는 고입 자소서는 유사 문서 판독 시스템이 있어서 언제, 누구의 글을, 얼마나 인용했는지를 바로 알려 준다.

    네이버도 마찬가지다. 고입의 유사 문서 판독 시스템처럼 네이버에도 스팸 필터라는 것이 있다. 스팸 필터는 말 그대로 좋지 않은 글을 걸러 내는 시스템이다. 너무 짧은 글이 짧은 시간에 다량 등록되거나 다른 사람의 글을 복제한 유사 문서를 판독해서 걸러 낸다. 걸러 낸 글은 노출 순위에서 뒤쪽에 배치되거나 아예 노출이 되지 않는다. 만약 이런 글을 반복해서 올리면 블로그 지수는 큰 폭으로 하락한다. 이런 경우를 "저품질에 빠졌다"고 한다. 품질이 나쁘다고 낙인이 찍히면 아무리 좋은 글을 작성해도 높은 순위에 노출되지 않는다.

    그렇다면 유사 문서를 해결하는 방법은 없을까?

    나는 유사 문서를 비껴가기 위해 다른 키워드와 다른 관점으로 글을 재구성하고 있다. 네이버는 키워드를 기준으로 '관련도순'을 계산하기 때문에 키워드가 바뀌면 다른 형태로 인식한다. 그런 상태에서 콘텐츠를 변형

하면 학부모에게 전달하려는 내용은 유지한 채로 네이버 시스템에는 다른 글로 인식시킬 수 있다. 원문 그대로 작성이 필요하다면 인용문으로 포함시키되 가급적 긴 문장을 인용하지 않는 것도 노출에 유리하다.

  가장 좋은 글은 자신이 경험한 정보성 문장이다. 하지만 최신 뉴스나 다른 사람의 정보를 자신의 시각에서 재구성한다면 유사 문서에 걸리지 않고 노출시킬 수 있다. 교육을 오랫동안 접해 왔다면 자신만의 교육관이 있을 것이다. 최신 뉴스에 자신의 견해를 포함하는 것만으로도 양질의 글을 생산할 수 있다.

〈유사 문서 판독 시스템〉

"네이버는 이용자들에게 더욱 좋은 검색 결과를 제공하고 콘텐츠를 생산한 저작자의 권리를 보호하기 위해 유사 문서 판독 시스템을 운영하고 있습니다.

유사 문서 판독 시스템이란 검색에 반영된 네이버 블로그, 외부 블로그, 카페, 뉴스 서비스의 문서를 비교해 두 개 이상 문서의 내용이 같거나 유사한 경우 가장 먼저 작성된 문서를 검색에 반영하는 시스템입니다."

*해당 Tip은 네이버 공식블로그 글을 그대로 인용했음을 밝힙니다 (https://blogpeople.blog.me/220992687834?Redirect=Log&from=postView).

5
글 작성 후
발행 전 점검 사항

작성한 블로그 글을 발행하기 전 점검할 것이 있다. 포스트는 발행한 다음에 문제가 발견되면 수정이 불가피하다. 블로그 글 수정은 오랜 기간 금기시되어 왔다. 수정하면 품질이 저하될지도 모른다는 불안감 때문이다.

최근 네이버가 공식 블로그를 통해 수정해도 된다고 발표했지만 블로그 경험이 많은 사람은 수정을 가급적 하지 않는다. 나 역시 수정은 꼭 필요한 경우가 아니면 안 하는 편이다. 수정은 내 글이 네이버 랭킹 서버에서 노출 계산을 다시 해야 한다는 걸 의미한다. 어떻게 수정하느냐에 따라 다르겠지만 노출 순위가 내려갈 수도 있다.

수정을 줄이는 방법은 점검에 있다. 글 작성이 끝나면 발행 전에 반드시 점검을 하자. 일반적인 점검 사항은 다음과 같다.

🔑 발행 전 점검 사항

- 제목
- 키워드
- 대표 이미지
- 주제 선택
- 노출 카테고리
- 오타(맞춤법, 전화번호, URL)
- 가독성
- 문맥
- 행동 유도(전화번호, 지도)
- 원하는 주제로 설득되었는지 여부

발행 전 점검 사항은 위에서 소개한 10가지 외에도 분명 있을 것이다. 개인적으로 이 중 중요하다고 생각되는 부분은 제목, 키워드, 대표 이미지, 주제 선택, 노출 카테고리, 오타 이상 6가지다. 블로그 초보자들은 실수로 제목을 적지 않는 사례도 있다. 당연한 얘기지만 이 경우 검색 노출에 걸리지 않는다. 대표 이미지는 검색한 사람에게 사진으로 시선을 사로잡게 하는 용도로 쓰인다. 주제 선택은 C-Rank를 위해 중요하고, 카테고리 역시 체크하지 않으면 내 글이 엉뚱한 목록에 들어가 버릴 수 있다. 오타 역시 중요하다. 글을 읽다가 오타가 보이거나 맞춤법이 안 맞으면 거슬린다. 믿음도 안 갈 것이다. 특히 전화번호나 브랜드명, 키워드 오타는 치명적이다. 글 작성이 끝나면 적어도 오타만큼은 점검하는 습관을 들이는 게 좋다.

6장.

유입을 높이는 채널 믹스와 연결 구조

우리 학원 타깃 고객이 머무는 곳, 지역 카페를 활용하자

학원 마케팅에서 가장 파급력이 높은 채널을 꼽으라면 단연 '지역 대표 카페'라고 할 수 있다. 우리 지역에 거주하는 학부모들이 모여 있는 곳이기 때문이다. 물론 모든 과목이나 모든 학년에 해당하는 것은 아니다. 초등학생이나 미취학 아동에게는 효과가 있지만 중·고등부로 가면 효과는 미비해진다.

네이버 카페는 여론이 형성되는 곳이다. 사람들이 올린 후기는 글자 수와 상관없이 강한 임팩트를 준다. 의견을 글로써 올리지 않는 사람도 다른 사람의 글을 보면서 판단과 결정을 하는 경우가 적지 않다.

이런 특성 때문에 카페를 직접 운영하고자 하는 욕구가 생긴다. 하지만 과거에 몇몇 대형 학원이 시도했지만 활성화에 실패하고 결국 운영을 포기한 사례가 있다. 카페는 소속 회원들 간 활발한 커뮤니티가 일어나야만 성장하는데 그게 쉽지 않은 탓이다. 그래서 나는 이미 활성화된 카페를 활용하는 방법으로 접근했다.

⊙ 카페 마케팅에 대한 잘못된 생각

'카페 마케팅은 곧 학부모인 것처럼 위장해서 홍보하는 것'이라고 생각하는 사람이 의외로 많다. 실제로 카페 마케팅을 그렇게들 하고 있다.

방식은 다음과 같다. 먼저 홍보할 카페에 회원 가입을 한다. 초반부터 홍보하면 강제 탈퇴당한다는 말에 일상적인 가십 글을 몇 개 적는다. 우리 학원을 알리고자 하는 마음은 굴뚝같지만 며칠간 마음을 억누르고 기다린다. 그렇게 보름 또는 한두 달 지나면 은밀하게 홍보를 시도한다. 다른 사람 질문 글에 우리 학원이 좋다고 소개하는가 하면, 카페 아이디를 2개 이상 만들어서 질문과 답변을 직접 해결한다. 순간 과도한 홍보일지도 모른다는 생각에 일주일 또는 이 주일에 한 번씩만 홍보에 참여한다.

대부분 이런 식이다. 이 방식은 지켜보는 운영진이나 카페를 자주 찾는 학부모들 눈에 뻔히 보인다. 작성한 아이디만 클릭해도 그동안 작성한 글과 댓글이 한눈에 보인다. 온통 한 학원을 향하고 있다면 학부모들에게 이런 편잔의 글을 받기 쉽다.

"학부모들을 기만하지 마세요!"

운영자에게 강제 퇴장 메시지도 날아올 것이다. 이상한 학원으로 낙인 찍혀 학부모들에게 배척당하는 것도 한순간이다. 카페 마케팅을 해 본 경험이 있다면 익숙한 광경일 것이다.

교육 정보 제공자가 되어 보자

그래서 교육 정보 제공자로서의 활동을 제안해 본다. 다행스럽게도 비용을 지불하고 협약을 맺으면 공식적으로 홍보할 수 있는 카페가 있다. 이곳에 교육 정보를 담아 보자. 그리고 그 정보를 우리 학원의 특징과 연결해 보자. 주로 정보를 주되 홍보는 가끔씩 하는 것이다. 언뜻 보면 홍보하려는 목적이 드러나지 않다 보니 단기간에 성과가 나지 않을 수 있다. 그래서 이 방법을 활용하는 사람이 많지 않다. 편하게 쓰려고 오프라인 전단지 이미지를 그대로 옮기며 광고하는 사람이 적지 않다. 하지만 꾸준히 도움을 준다는 인식이 갖춰졌을 때 파급력이 있다. 학원 이미지가 크게 향상되어 장기적인 성장을 기대할 수 있다. 이러한 활동은 학부모와 학원 모두에게 도움이 될 것이다.

홍보 카페 선별하는 방법

먼저 우리 학원을 소개할 만한 지역 대표 카페가 있는지 찾아봐야 한다. 신도시나 대규모 아파트 단지라면 어렵지 않게 찾을 수 있을 것이다. 비슷비슷한 카페가 많기 때문이다. 그중에서 가장 활발한 카페 하나를 선별한다.

지역에 따라 적당한 곳이 없을 수도 있다. 그런 지역은 카페를 홍보 채널에서 제외하고 다른 곳에 집중하면 된다.

적당한 카페를 선별하는 방법은 간단하다.

- 우리 지역 학부모가 활동하는 카페인가?
- 전체 회원 수와 즐겨 찾는 멤버 수가 많은가?
- 생성일이 오래되었고 등급이 좋은가?
- 하루에 올라오는 글의 양이 많은가?
- 조회 수가 많고 댓글이 활발한가?

2017년 2월에 카페 정책이 변경되면서 회원 간의 커뮤니티 활동이 활발하지 않으면 카페 등급은 떨어진다. 어느 정도 등급과 새 글이 올라오는 빈도가 높다면 활성화된 카페라고 봐도 된다. 지역에 비슷한 카페가 몇 개 있다면 하루에 올라오는 글이 가장 많은 곳을 선택하면 큰 문제가 없을 것이다.

홍보를 거부하는 카페

지역에 따라 홍보를 허락하지 않는 카페가 있다. '송파맘들 오세요', '강동맘-강동구 엄마들 모임', '강봉원-강북구, 도봉구, 노원구 사는 이야기' 카페처럼 서울 주요 지역을 대표하는 대형 카페나 '상위 1% 카페'처럼 교육 커뮤니티 카페는 사실상 홍보를 엄격하게 제한하고 있다. 그런 곳일수록 홍보 글을 교묘하게 올릴 수만 있다면 파급력이 클 것이다. 하지만 파급력을 만들어 내기가 생각보다 쉽지 않다. 이런 곳에 계속 기웃거리는 것은 시간 대비 효율적이지 않다. 물론 시간 여유가 있거나 나름의 홍보 방법이 있다면 활동해도 괜찮겠지만 그렇지 않다면 그 시간에 블로그나 다른 채널에 집중하는 것이 낫다.

카페에서 활동하는 방법

홍보 자체를 거부하는 카페도 있지만 대부분의 지역 카페는 홍보를 허용한다. 홍보 방법은 세 가지로 구분할 수 있다.

- 비용 지불 후 카페와 협약해 개별 카테고리를 할당받아서 진행
- 비용 지불 없이 홍보가 허용된 공통 카테고리에서 진행
- 홍보 글을 작성하지 못하는 경우 댓글로만 답변 진행

카페와 협약을 맺으면 홍보 글을 공식적으로 올릴 수 있다. 이때 정보 중심의 글과 홍보 글을 적절하게 조합해 운영해 보자. 장기적으로 정보를 제공할수록 긍정적인 이미지를 심어 줄 수 있다.

카페와 협약을 맺지 않더라도 잘 찾아보면 한 달에 1회 정도 홍보 글을 작성하게끔 하는 카페들이 있다. 이런 곳은 더욱 전략이 중요하다. 한 달에 한 번 쓸 수 있는 소중한 공간에 개강 소식이나 전단지 글을 업로드한다고 생각해 보라. 이 얼마나 낭비인가! 그런 글은 아무도 보지 않는다. 자신은 홍보를 했다고 느끼지만 학부모는 1초 만에 눈을 다른 데로 돌려 버린다. 이런 글은 1년 동안 쌓여 봐야 효과를 볼 수 없다.

글을 쓸 공간이 없다면 댓글을 통해 정보 제공자로서 활동해 보자. '우리 학원이 좋다', '와라' 같은 글을 쓰지 않고도 좋은 학원으로 인식될 수 있다. 카페 정책상 닉네임을 허락한다면 학원명을 닉네임으로 정한 다음에 학부모의 물음에 홍보와 상관없는 교육 정보를 남겨 놓는다. 블로그를 운영하는 아이디로 활동하면 더 좋다. 이 활동이 긍정적으로 작용할 경우 쪽지로 문의하는 학부모가 생길 것이다. 분명한 건 카페에는 반복적으로 방문해 활동하는 학부모가 훨씬 많다. 이런 학부모에게 긍정적인 이미지를 줄 수 있다면 학원을 바꾸려는 마음이 들었을 때 관심을 가지고 문의할 것이다.

Tip 11
최적화 아이디로 얻게 되는 보너스, 검색 노출

카페를 커뮤니티로만 활용하는 사람이 있는가 하면, 카페 글을 네이버 검색 결과에도 노출시키며 마케팅 효과를 올리는 사람도 있다. 동일하게 글 하나를 작성했을 뿐인데 누군가는 카페 내에서만, 누군가는 네이버 검색에도 노출시키며 추가적인 성과를 내는 것이다.

이미지 43 카페 글 검색 결과 예시

'이미지 43'은 네이버 검색창에서 '대치동 수학학원 추천'이라고 검색했을 때 나온 결과 화면이다. 카페 글이 네이버 검색 결과에 노출된 것이다. 블로그 글이 상위 노출되는 것과 비슷한 홍보 효과이지만, 글이 작성된 곳의 출처가 지역 카페나 교육 커뮤니티이기 때문에 더욱 신뢰도가 상승한다. 이 글에 우호적인 댓글까지 달리면 그야말로 금상첨화다.

이러한 결과에서도 알 수 있듯이 카페를 통한 마케팅 방법은 두 가지다. 카페 회원에게 하는 홍보는 당연히 효과가 높다. 여기에 '검색 노출'까지 염두에 둔다면 효과를 배가시킬 수 있다. 카페 글은 하루 이틀 사이에 밀려 내려가 버리지만, 검색 노출된 글은 오랜 기간 검색할 때마다 읽힐 수 있다. 그래서 일부러 회원에 상관없이 노출만 노리고 글을 작성하는 사람도 있다.

Tip 12
카페 최적화 아이디 만드는 방법

카페 글이 네이버 검색에서 노출되려면 세 가지가 충족되어야 한다. 최적화된 카페를 골라 최적화된 카테고리에 최적화된 아이디로 작성해야 한다. 최적화된 카페와 카테고리는 내가 컨트롤할 수 있는 영역이 아니다. 따라서 홍보할 적당한 카페를 고르기만 하면 된다. 하지만 아이디는 직접 살펴봐야 한다.

카페 최적화 아이디는 평소에 여러 카페에서 진성 유저로 활동하면 어느 순간 자연스럽게 반영된다. 평소에도 글과 댓글로 소통했다면 자신도 모르게 만들어져 있을 것이다. 물론 인위적으로 만들 수도 있다. 다만 네이버 운영 정책에 따라 언제든 바뀔 수 있다. 네이버의 로직을 이해한다면 대응이 가능할 것이다.

▶ **카페 아이디 최적화 예시**
- 2, 3곳의 지역 대표 카페 또는 유명 커뮤니티 카페에 가입한다.
- 카페당 매일 1~3개의 글을 작성한다. (홍보성 글 금지)
- 댓글을 유도하는 글이 좋다. (내 글에 댓글이 달리면 최적화가 빨라진다.)

- 댓글에 답글을 단다. (눈치 안 보고 댓글을 여러 개 달 수 있다.)
- 이런 활동을 15일 이상 진행한다.
- 글에 키워드를 끼워 넣어 검색 노출이 되는지를 테스트한다.
- 노출이 되면 검색 노출용 카페를 선별한다.
- 검색 노출용 홍보 활동을 시작한다.

카페 아이디 최적화를 포함해서 상위 노출 노하우는 기술에 불과하다. 중요한 것은 콘텐츠다. 부실한 내용으로 외부 검색에 노출되는 것보다는 비록 짧은 글이라도 카페 회원에게 도움이 되는 활동을 해 주길 바란다. 그래야 학부모에게 우호적인 학원으로 인식될 것이다.

2
키워드광고, 이제는 시작할 때다

많은 사람이 키워드광고를 해야 하는지를 두고 고심한다. 아이러니한 건 10년 전만 하더라도 키워드광고는 마케팅 준비가 안 되어 있는 사람들에게 유일한 희망이었다는 것이다. 시간이 갈수록 광고비가 부담이 되었던 사업자들은 비용을 들이지 않는 온라인 마케팅으로 시선을 돌렸다. 키워드광고 외에 대안을 마련하지 못한 사람들만 어쩔 수 없이 계속해야 했다. 광고를 줄이거나 끊으면 고객이 줄어들었기 때문이다.

그렇게 점점 돈 먹는 하마가 되어 간 키워드광고. 그런데 키워드광고를 시작할 때가 되었다니? 충분히 이상하게 들릴 수 있다. 하지만 블로그 마케팅을 시작했다면 키워드광고는 키워드 분석과 온라인 마케팅 효율을 높이는 도구로 활용할 수 있다.

🔑 키워드 분석이 가능하다

앞서 온라인 마케팅에서는 키워드 추출이 매우 중요하다고 했다. 네이버가 사용자들의 검색 데이터를 수집해서 '키워드 검색광고 시스템'을 만들었다. 하지만 이곳의 데이터는 약간의 허수가 있다. 정밀하지 못하다.

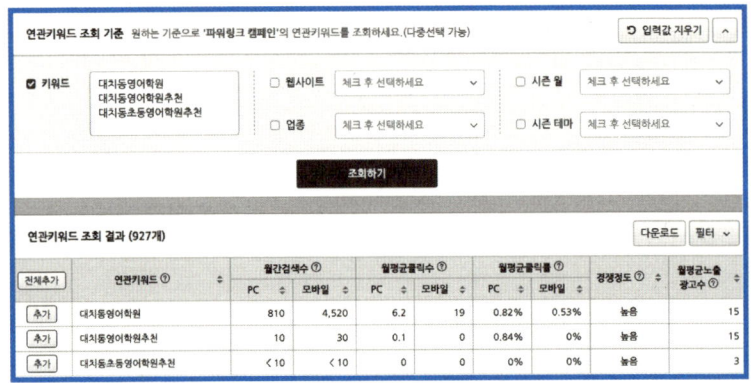

이미지 44 검색광고 시스템 키워드 검색 예시

'키워드 검색광고 시스템'에서 키워드를 검색해 봤다. '대치동 영어 학원 추천'을 검색한 데이터가 한 달간 PC에서 10개, 모바일에서 30개 나왔다. 이번엔 '대치동 초등 영어 학원 추천'을 검색했다. PC와 모바일 모두 10개 미만이라고 표시되어 있다. 이런 키워드는 검색 조회량은 낮지만 행동을 유도할 수 있는 키워드에 속한다. 이 키워드 조회량이 1인지 9인지에 따라 1년간의 누적은 큰 차이를 보인다. 작성해야 할 키워드가 여러 개일 때는 조금이라도 조회량이 큰 키워드를 선택하는 게 유리하다.

키워드	현재 입찰가(VAT미포함)	품질지수	노출수	클릭수	클릭률(%)
키워드 4개 결과			28	0	0.00%
대치동영어학원추천	[기본] 70원	▊▊▊▊▊▊▊	4	0	0.00%
대치동중등영어학원	[기본] 70원	▊▊▊▊▊▊▊	8	0	0.00%
대치동초등영어학원	[기본] 70원	▊▊▊▊▊▊▊	11	0	0.00%
대치동초등영어학원추천	[기본] 70원	▊▊▊▊▊▊▊	5	0	0.00%

이미지 45 키워드광고 예시

키워드광고를 했을 때 화면이다. 이곳에는 키워드 노출 수와 클릭 수가 정확하게 표시되어 있다. 날짜별 구분도 정밀하다. 오늘, 어제, 최근 7일, 한 달은 물론이고 기간을 정해서 검색할 수도 있다. 검색광고 시스템보다 자세한 정보를 볼 수 있다.

나는 키워드 검색광고 시스템으로 큰 흐름을 잡고, 키워드광고에서 주는 데이터로 운영 전략을 세우는 편이다. 온라인 마케팅 대부분이 키워드(또는 해시태그)와 콘텐츠라고 이야기할 정도로 키워드를 분석하는 것은 중요하다. 입찰가를 기본으로 해 놓으면 비용 없이 데이터를 뽑아 쓸 수 있으니 얼마나 유용하겠는가?

🔑 검색 결과 효율을 높일 수 있다

지금까지 이 책을 보고 따라왔다면 적어도 지도를 등록하고 블로그를 시작했을 것이다. 여기에 키워드광고도 노출하면 효과를 높일 수 있다.

만약 다른 채널의 지원 없이 키워드광고만 진행했다면 그 비용은 '매몰 비용'이라고 생각해도 무방하다. 키워드광고는 '광고'이기 때문에 '광고'만으로는 설득하는 데 한계가 있다. 매몰 비용이란 성과 없이 지출되는 비용을 말하는데, 콘텐츠 전략 없는 키워드광고는 대부분 성과로 이어지지 않는다.

키워드광고는 굳이 클릭하지 않더라도 노출 효과를 준다. 사람의 시선은 의식하지 않더라도 반복적인 것을 인지하는 능력이 있다. 키워드광고에서 스치듯 내려왔다 하더라도 지도·블로그·카페 영역에서 해당 브랜드를 보게 되면 순간 멈칫하며 시선을 고정시킬 수밖에 없다. 영화 필름 프레임 사이에 콜라 사진을 한 컷씩 보여 주면 콜라가 마시고 싶다는 생각이 드는 것과 비슷하다. 반복 노출의 효과는 분명 있다.

학원을 검색하는 학부모는 키워드광고를 보고 반드시 검증 과정을 거치려 할 것이다. 블로그·카페·지도 등 온라인에서 정보를 찾거나 지인들에게 확인할 것이다. 이때 아무 콘텐츠 없이 키워드광고만 달랑 있었다면 효과가 일어날 리가 없다. 그러나 이제는 상황이 달라졌다. 우리 학원들은 지도 등록을 마친 상태일 것이고, 블로그에도 몇 개의 글이 올라가 있을 것이다. 가능하면 긍정적인 이미지를 느낄 수 있는 콘텐츠로 구성했을 것이다.

반드시 랜딩 페이지를 구성하라

키워드광고를 클릭하면 어디로 연결되는가? 혹시 블로그 메인이나 홈페이지 메인으로 보내 버리지는 않는가? 이런 경우 판단을 검색한 사람에게 떠맡기는 셈이다. 무얼 보고 판단하라는 건지 알기가 힘들다. 그러니 당연히 효과가 없다.

키워드광고에서 클릭은 곧 비용이다. 적은 비용이라도 지불되었다면 당연히 효과도 기대해야 한다. 그래서 랜딩 페이지가 중요하다.

랜딩 페이지란 키워드광고를 클릭하면 보이는 첫 번째 페이지를 말한다. 키워드광고는 단지 랜딩 페이지로 토스하는 역할만 한다. 광고 문구는 클릭을 유도하기 위한 용도로만 작성된다. 즉 설득은 랜딩 페이지에서 해야 한다. 랜딩 페이지의 중요도는 더 말할 필요가 없겠다.

키워드광고가 단독으로 게재되었을 때는 신뢰를 주는 데 한계가 있다. 아무리 랜딩 페이지를 잘 꾸며 놓아도 광고로 인식되기 때문이다. 그래서 블로그와 카페에 신뢰할 만한 정보가 함께했을 때 효과가 크다.

Tip 13
키워드광고는 지역 중심으로 설정이 가능하다

지역 학원을 운영하고 있다면 키워드광고도 철저하게 지역을 기준으로 하는 게 좋다. 굳이 방문할 필요가 없는 지역까지 광고할 필요는 없다. 범위도 셔틀의 경로에 맞춰 잡는 게 좋다.

우리 지역만 노출하는 방법이 있을까? 키워드광고 설정을 하면 가능하다. 광고 상품 자체에서 노출 지역을 설정할 수 있다. 네이버 광고는 '그룹 전략' 영역에서 노출 지역을 설정할 수 있다. 아래는 지역을 설정하는 화면이다.

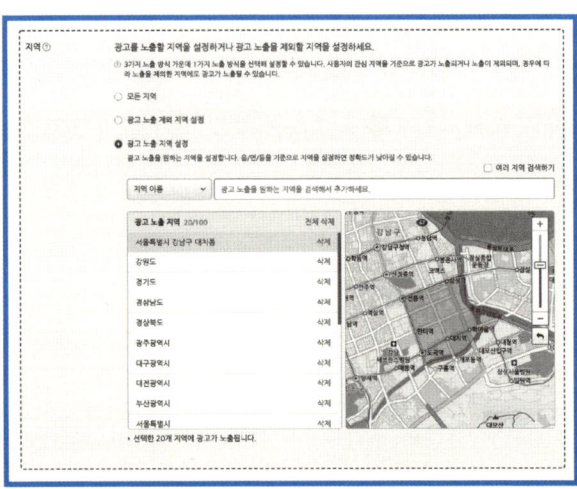

이미지 46 네이버 키워드광고 지역 설정 화면

3
정밀한 타깃팅과 넛지 마케팅에 유용한
페이스북·인스타그램

우리 지역의 초등학생을 둔 학부모만 꼭 집어서 광고할 수 있다면 얼마나 좋을까? 아주 유용한 설명회인데 모집을 고심했던 기억이 대부분 있을 것이다. 이런 상황은 개원 설명회부터 입시 설명회, 학부모 간담회까지 1년에 몇 번은 마주하게 된다. 그런데 이것이 가능한 채널이 있다. 페이스북과 인스타그램이다. 이것을 타깃 광고 형태로, 원하는 학부모만 모아서 광고할 수 있다.

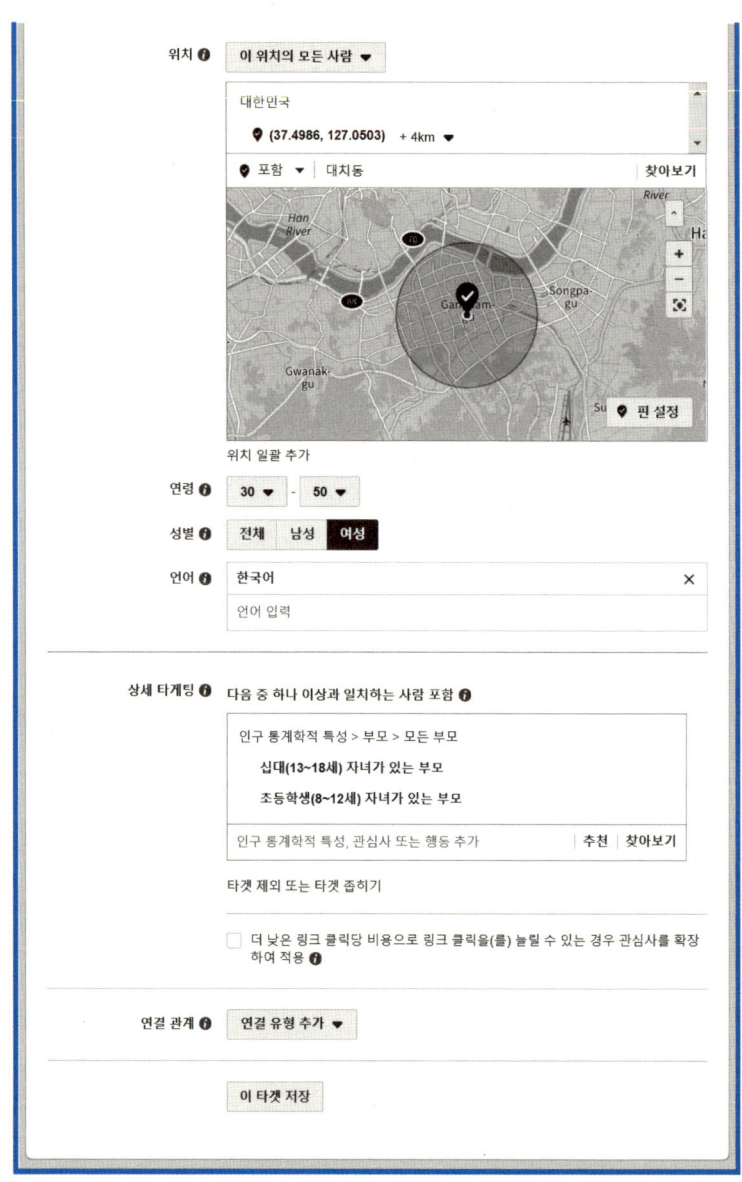

이미지 47 페이스북 지역 타깃팅

'이미지 47'는 우리 학원 위치를 기준으로 반경 4킬로미터 이내 학부모에게만 보내는 광고다. 30~50세 여성에게만 전달되도록 범위를 좁혔다. 외국인이 살 수도 있으니 한국어를 사용하는 사람을 대상으로도 한 번 더 좁혔다. 여기에서 그치지 않고 초등학생부터 고등학생을 둔 학부모까지로 한 번 더 세분화했다. 우리 학원 근방에 초·중·고등학생 자녀를 둔 학부모에게만 광고가 나가게 설정한 것이다.

페이스북이나 인스타그램을 보다 보면 평소에 관심을 가지던 광고가 알아서 척척 뜨는 것을 느꼈을 것이다. 어떻게 알았는지 찾아가지 않아도 알아서 정보를 보내 준다. 평소 관심을 보인 광고라면 클릭할 확률이 높다.

페이스북과 인스타그램은 넛지 광고 형태를 가지고 있다. 넛지란 '옆구리를 콕 찌르다' 형태의 마케팅 용어다. 우리 지역 학부모에게 꼭 필요한 콘텐츠 제작이 가능하다면 성공할 확률이 높은 채널이다.

⊶ 페이스북과 인스타그램이 이슈가 되는 이유

최근 SNS 마케팅에 대한 관심이 뜨겁다. 페이스북의 인기는 여전히 높고 인스타그램의 확산 속도는 놀라울 정도다. 페이스북 사용자는 2017년 6월 기준 20억 명을 넘어섰다.

초창기의 페이스북은 '좋아요' 숫자를 늘리는 팬 페이지를 운영하는 방식이었지만 노출 알고리즘을 변경하고부터는 광고 중심으로 변화했다. 팬 페이지 도달률이 떨어지는 이유도 있지만 요즘에는 사용자들도 쉽게 팬이 되려 하지 않는다. 페이스북이 이렇게 바꾼 이유도 '좋아요'를 했지만 이후에 참여와 반응도 하지 않은 사용자에게 노출할 필요가 없다고 판단했기 때문일 것이다. 그 이면에는 콘텐츠를 노출하려면 광고를 하라는 무언의 압박이 담겨 있다.

⊙ 페이스북 광고는 왜 타깃팅이 잘되는 걸까?

페이스북은 1차적으로 가입할 때 성별, 전화번호, 이름, 나이를 입력한다. 이 기본적인 개인 정보에 페이스북은 끈질기게 추가 정보를 요구한다. 학교, 직장, 지역, 결혼기념일, 자녀 생일… 이렇게 등록된 정보를 바탕으로 관계를 찾아서 연결한다.

자신도 모르게 개인별 특성과 라이프 스타일이 페이스북에 저장되어 광고에 활용되고 있다. 그래서 관심 분야의 광고를 보면 관심을 갖게 되는 것이다. 이런 구조에서 가장 이득을 보는 사람은 누굴까? 광고주는 타깃이 되어 광고 효과가 높으니 좋고, 개인은 평소 관심사가 정보로 오니 좋고, 페이스북은 광고 비용이 높아져서 좋다. 모두에게 좋은 윈-윈 전략이다.

🔑 학원도 페이스북·인스타그램을 해야 할까?

페이스북과 인스타그램을 하기로 했다면 확산과 광고 중 한 가지를 선택해야 한다. 두 가지 모두 고려해서 운영해도 무방하지만, 우리는 시간이 많지 않다. 시간 대비 효율을 고려해야 한다.

확산은 콘텐츠가 중요하다. 콘텐츠를 공짜로 풀어도 확산될 것 같다면 확산을, 반대로 확신이 없다면 비용을 들여서 콘텐츠를 확산시키는 광고를 해야 한다. 후자라고 콘텐츠가 중요하지 않다는 것은 아니다. 오히려 콘텐츠가 곧 승부라는 생각으로 SNS를 해야 한다. 페이스북은 직접 사진과 동영상을 촬영하거나 스토리를 카드뉴스 방식으로 보기 쉽게 전달해야 성공할 가능성이 높다.

일반 학원에서는 콘텐츠 생산이 쉽지는 않다. 그래서 필요할 때만 유료 광고를 진행해 보는 것도 하나의 방법이다. 이때는 타깃으로 하는 학부모의 수가 많지 않으니, 큰 효과를 발휘하기는 어렵다는 점을 염두에 두고 진행해야 마음이 편하다.

Tip 14
초·중·고 학원에 SNS 광고 효과가 낮은 이유

    학원의 구매 결정권자는 학부모다. 다른 업종에서 이야기하는 페이스북의 성과가 학원에서는 그다지 매력적이지 않은 이유다. 초·중·고 학부모는 대부분 30~40대로, 페이스북과 인스타그램의 사용이 많지는 않다. 가입은 했더라도 이용률이 크게 떨어진다. 실제로 광고를 집행해 보면 도달률이 많이 떨어진다. 가입만 해 놓고 일주일에 페이스북 한 번 안 열어 보는 분이 많다는 이야기다. 자주 이용하는 학부모라도 학원 정보를 꾸준하게 보려고 하지 않는다. 그러므로 타깃이 어렵고 도달률이 낮다.

    타깃이 학부모가 아니라면 고려해 볼 만하다. 학원도 종류가 다양하지 않은가. 예를 들어 20대 여성을 타깃으로 하는 성인 영어 학원이라면 블로그보다는 페이스북과 인스타그램의 비중을 늘리는 게 좋다. 결국 우리 학원의 구매 결정권자가 누구이냐에 따라 비중을 정해야 한다는 결론에 도달한다.

4
학부모와 일대일로 소통하는
카카오톡 · 밴드

스마트폰을 가지고 있는데 '카카오톡'을 사용하지 않은 사람이 몇이나 될까? 카카오톡은 2011년 10월에 첫 선을 보인 이후 스마트폰 채팅의 대명사가 될 정도로 압도적인 점유율을 가지며 소통을 주도하고 있다. 카카오톡은 문자뿐만 아니라 이미지·영상까지 주고받은 후 곧바로 열어 볼 수 있다는 점에서 활용 가치가 크다.

카카오톡이 가진 장점은 점유율에 그치지 않는다. 대표적으로 개봉률을 언급할 수 있다. 카카오톡의 인기는 숫자 '1'에 있었다. 숫자가 사라지지 않으면 불안한 심리가 작동하기 때문에 결국 글을 읽게 되는 것이다. 메일이나 문자는 아무리 좋은 정보를 보내도 수신률이 현저히 떨어지는 데 비해 카카오톡은 숫자 '1' 때문에 전달률이 아주 높다.

이런 특성을 이용해 재원생 관리용으로 활용하는 학원이 늘어나고 있다. 기존의 전화 상담은 통화를 해야 하는 부담감이 있었다. 부재 중일 때는 서로 난감했다. 이것을 카카오톡이 해결해 줬다.

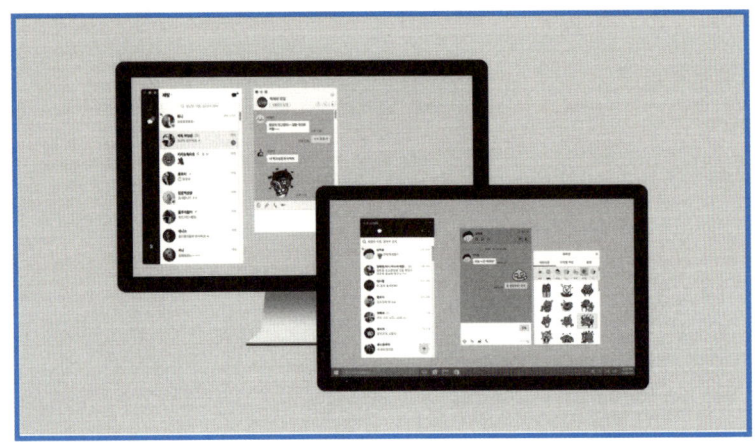

이미지 48 카카오톡 화면

　카카오톡을 통한 대표적인 소통 예를 들어 보자. 걱정하는 부모를 위해 학원은 자녀의 수업 상태를 정기적으로 보내 준다. 이는 관리를 위해서도 아주 중요하다. 그런데 전달에 어려움이 발생한다면 어떨까? 당연히 만족도가 떨어질 것이다. 기존에는 부재중이거나 바쁘다는 이유로 전화를 받지 못하게 되면서 서로에게 불편함을 줬다. 이럴 때 카카오톡으로 (하루 혹은 한 주 단위로) 학생의 근황을 알리면 학부모는 시간 여유가 있을 때 천천히 볼 수 있다.

　다른 하나는 학원의 근황을 알리는 가정통신문이다. 그동안은 시간과 정성을 들여 작성했는데 제대로 전달되지 않거나 전달되더라도 읽히지 않는 경우가 많았다. 이럴 땐 카카오톡을 이용하면 좋다. 출력해서 봉투에 담아 학생에게 전달해야 하는 불편함 없이 문구를 복사해서 각각의 학부모에게 붙여 넣기만 하면 된다. 꼭 필요한 정보만 담아 보내면 수신율뿐만 아니라 작업 효율 면에서도 좋다. 이렇게 관리에 필요한 활동을 카카오톡이나 밴드로 하는 학원이 점차 늘어나고 있다.

홈페이지가 필요하다면?
네이버 modoo

지역 학원을 운영하면서 홈페이지를 만들려는 원장이 있다. 홈페이지가 있으면 학원 규모가 커 보인다는 이유에서다. 그러나 이 경우 홈페이지에 꾸준히 업로드할 콘텐츠를 관리하기 위한 인력이 별도로 필요하다. 인력을 고용한다는 것은 곧 돈이 든다는 것이다. 수백만 원을 들여서 홈페이지를 만들 필요가 있을까? 자체 점검이 필요하다.

관리가 안 되는 홈페이지보다는 블로그를 운영하는 게 더 나을지도 모른다. 요즘은 홈페이지형 블로그로 대신하기도 한다. 그럼에도 불구하고 홈페이지가 필요하다고 생각할 수 있다. 이럴 땐 네이버에서 무료로 제공해 주는 modoo를 이용해 보자. 네이버 modoo는 콘텐츠를 직접 관리할 수 있도록 관리자 메뉴를 제공하고 있다. 게다가 관리하는데는 돈이 들지 않는다. 우리나라 소상공인들을 위해서라지만, 네이버

생태계 안에 소상공인을 모아 두겠다는 의도가 숨어 있는 듯 보인다. 하지만 지금 상황에서 이런 네이버의 의도는 중요하지 않다. 필요에 의해 modoo를 이용하기만 하면 된다.

이미지 49 무료 홈페이지 제작 솔루션 네이버 modoo

홈페이지가 얼마나 유용한가를 떠나서 네이버 modoo는 상당히 매력적이다. 네이버 노출 영역에서 상당한 비중을 차지하는 사이트 영역에 우선 노출되기 때문이다. 네이버 검색창 어느 한 공간에 우리 브랜드가 노출되는 것은 아주 중요하다. 그런 공간에 무료로 노출된다면 그 자체만으로도 마케팅 효과가 있을 것이다.

네이버 modoo의 기본은 모바일 홈페이지이지만 PC에서도 노출되는 반응형 홈페이지다. 네이버 modoo는 2016년 9월 개편을 하면서 다양한 기능을 추가로 선보였다. 그중 주목할 만한 것이 SNS 연결이다. 홈페이지에 새로운 소식을 올리면 곧바로 SNS로 확대가 가능하다. 홈페이지 콘텐츠를 블로그·페이스북·인스타그램으로 홍보하기 손쉬워진 것이다. 앞서 지도 등록에서 소개한 바 있는 톡톡, 예약까지도 네이버 modoo에 통합되어 있다.

우선 modoo를 이용해 보다가 홈페이지 효용 가치가 크다고 판단했을 때 비용을 들여서 홈페이지를 제작하길 바란다.

Tip 15
전문가의 향기가 느껴지는 웹마스터 도구

자체적으로 운영하는 홈페이지가 있다면 이 섹션은 아주 중요하다. 만약 운영하는 블로그가 없거나 네이버 modoo를 홈페이지로 사용한다면 이 팁은 넘겨도 괜찮다. modoo는 굳이 등록하지 않더라도 네이버 자체 서비스라 사이트 영역에 노출이 자동으로 된다.

홈페이지가 네이버에서 노출되기를 바란다면 반드시 네이버 웹마스터 도구에 등록해야 한다. 과거에는 사이트 등록으로 진행했으나 지도와 분리된 지금은 홈페이지·블로그·SNS 등 채널을 관리하는 웹마스터 도구를 지원하고 있다.

이미지 50 네이버 웹마스터 도구 메인

로그인했을 경우 네이버 웹마스터 도구 메인 화면이다. 곧바로 등록을 원한다면 '사이트 추가'에서 자신이 보유한 홈페이지 주소를 입력한다.

이미지 51 사이트 소유 확인

다음은 사이트 소유권을 확인하는 단계다. 이런 작업이 필요한 이유는 네이버가 내 홈페이지의 소유권을 확인하고 검색 봇과의 연결 통로를 만들기 때문이다. 소유권은 'HTML 파일 업로드' 또는 'HTML 태그'로 등록하면 확인할 수 있다. 두 가지 모두 네이버가 제공해 주는 파일 또는 소스 코드를 내 홈페이지에 등록하는 방식이다. 이 작업은 개발 경험이 없거나 홈페이지 관리 권한이 없다면 직접 진행하기 어렵다. 이런 경우 홈페이지 관리자에게 해당 파일을 전달하여 등록하도록 한다.

웹마스터 도구에 사이트가 정상적으로 등록되었다면 두 단계를 추가로 진행해야 한다.

- 네이버가 웹 수집을 원활하게 하도록 robots.txt와 Meta Description을 설정한다.
- 블로그·카페·스마트 스토어·페이스북·인스타그램 등 사이트 운영과 연관된 채널을 등록한다.

이미지 52 정상적인 사이트 상태

위 그림은 모두 정상적으로 등록된 상태다. 이 모든 작업이 끝나면 네이버는 내가 운영하는 홈페이지 정보와 채널 정보를 수집하여 사용자들에게 보여 준다.

6
노출 한 번에
효자 노릇 하는 지식iN

네이버 지식iN은 2002년에 출범해 지식을 교류하는 서비스로 오랫동안 인기를 끌었다. 네이버가 야후·다음·엠파스를 밀어내고 국내 최대 포털사이트가 되는 데 큰 역할을 하기도 했다. 물론 지금은 당시와 활용도 면에서 크게 차이가 난다. 일반인보다는 대행사들이 질문과 답변을 자작하는 용도로 변질되면서 콘텐츠 신뢰도 많이 떨어졌다.

이러한 점을 의식해서인지 네이버는 2017년 8월, 블로그·카페에 이어 3번째로 지식iN에도 C-Rank를 적용했다. 네이버는 이용자들의 '답변'을 중심으로 신뢰도를 판단하겠다고 했다. 인위적으로 작성된 질의응답으로 떨어진 콘텐츠 신뢰도를 높이고자 하는 조치로 보인다.

학원 마케팅에서 지식iN을 해야 하는지 여부에 대해서는 생각해 볼 필요가 있다. 어느 영역이든 네이버 검색에 노출되어서 나쁠 것은 없다. 지식iN도 마찬가지다. 심지어 한 번 노출되면 오랫동안 상위 노출되는 것이 지식iN이다.

지식인을 활용하여 입지를 다진 사례가 있다. 학생들의 궁금증을 해결해 줌으로써 인지도를 넓힌 사례다. 방식은 이러하다. 지식인에 질문이 올라오면 교사들이 힘을 합쳐 영어 문장 해석이나 수학 문제 풀이를 해 준다. 학원명은 언급하나 별도의 홍보 활동은 하지 않는다. 그들은 이러한 활동을 꾸준히 했다. 과거에는 주로 지식인 등급을 올리기 위해서 활동했으나 이를 역이용해 학원 브랜드를 알리는 데 활용한 것이다. 힘은 들지만 정보를 제공하는 좋은 사례다.

이러한 방식은 답변의 비중을 높인 C-Rank 이후에는 더욱 효력을 보일 것으로 예상된다. 하지만 시간이 많이 걸린다는 단점이 있다. 그래서 이러한 특별한 사례를 제외하고는 대부분 학원 문의에 대한 답변으로 일관하고 있다.

나는 지식iN을 우선순위에 두지 않은 편이다. 엄격한 제재 때문이다. 어설프게 자작하면 안 되는 공간이 지식iN이다. 질문과 답변을 혼자서 하는 것은 물론이고, 관련 있다고 판단되는 사람끼리 하는 것도 엄격하게 금지하고 있다. 블로그나 카페는 아이디에 페널티를 부과한다. 반면에 지식iN은 사람에게 부과한다. 공개적으로 밝혀진 바는 아니지만 다른 채널에서의 활동까지 제약받을 가능성도 배제할 수 없다.

전문성 있는 글은
네이버 포스트

　네이버는 2015년 4월, 콘텐츠 전문가를 위한 플랫폼 서비스로 네이버 포스트를 시작했다. 포스트의 특징은 모바일 콘텐츠에 기반을 두고 있다는 점에 있다. 이러한 특징 때문인지는 몰라도 오랫동안 모바일 통합 페이지에 상위 노출이 잘되면서 인기를 끌었다.

　이 글을 작성하는 시점에서 학원 업계는 네이버 포스트 노출 비중

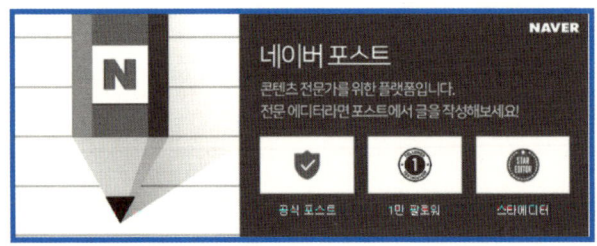

이미지 53 네이버 포스트

이 그리 높지 않은 편이다. 예전의 상승세가 한 풀 꺾인 모습이다. 그러나 이런 정책은 언제든지 바뀔 수 있다.

네이버 포스트는 처음부터 전문적으로 콘텐츠를 생성하는 사람들을 위한 공간으로 출발했다. 블로그가 사람들의 일상 속 살아가는 이야기를 담은 일기장이라면, 포스트는 각 분야의 전문가들이 그들의 경험과 노하우를 잘 정리해서 올려 두는 '프리미엄 콘텐츠 플랫폼'이었다.

그럼에도 포스트와 블로그를 구분하기 어렵다는 분들이 있다. 이런 분들을 위해 다른 점을 몇 가지 정리해 보겠다. 네이버 포스트는 SNS처럼 카드뉴스형 콘텐츠를 제공한다. 여기에 관심사별 태그로 원하는 정보를 검색하도록 했고, SNS에서 사용하는 태그와 팔로우 개념을 가져왔다. 더불어 네이버 포스트는 구독 시스템이라서 고정 독자를 확보할 수 있다.

네이버 포스트는 개인 학원에서 운영하기엔 다소 부담이 될 수 있다. 프랜차이즈 본사라면 전문적인 교육 정보를 제공하는 방식으로 해 볼 만하다.

이미지와 동영상은 덤이다

학원의 특징을 잘 살릴 수 있는 이미지와 동영상이 노출되어 있다면 블로그로 유입되는 효과를 노릴 수 있다. 별도로 작업할 필요도 없다. 블로그에 포스팅할 때 첨부를 통해 이미지와 동영상 기능을 사용할 수 있다.

한편으로는 네이버에 이미지와 동영상만을 올리는 공간은 없다. 블로그나 폴라, 네이버 TV에 올린 이미지와 동영상을 끌어다 써야 한다. 반대로 말하면 블로그만 잘 활용해도 이미지와 동영상까지 덤으로 노출시킬 수 있다.

학원은 이미지와 동영상을 활용하면 효과가 아주 높다. 재원생들의 활동을 시각적으로 보여 주기 때문에 글로 설명하지 않아도 다른 학원과의 차별점이 분명하게 드러난다. 그럼에도 불구하고 이미지와 동영상을 활용하는 학원이 많지 않다.

단 블로그에 이미지와 동영상을 사용할 때는 항상 저작권에 유의해야 한다. 특히 연예인이나 뉴스 기사에 나온 사진을 사용하면 곤란하다. 어느 날 법무 법인에서 연락이 올 수 있다. 직접 촬영한 사진이나 영상은 전혀 문제없다. 따라서 올바른 사용 습관을 들이길 바란다.

이런 흐름 속에서 네이버는 2018년 11월부터 동영상 서비스를 강화하겠다고 발표했다. 블로그 글을 올릴 때 사용하는 스마트에디터에 사진 편집기처럼 동영상 편집 기능을 포함시키겠다고 했다. 앞으로는 동영상이 포함된 블로그 글이 가산점을 받아 상단에 노출되거나 네이버 TV에 등록된 동영상이 검색 영역 상단에 노출될 가능성이 높아질 것으로 예상된다.

Tip 16
저작권법에 위배되는 이미지는 사용하면 안 됩니다

"저작권에 관련된 이야기는 거의 매번 강조하는데요. 타인의 저작권을 침해하는 이미지를 블로그 포스트에 사용하시면 관련 법률에 의해 처벌받을 수 있으니 항상 주의하시는 것이 좋습니다.
반대로 자신의 고유한 콘텐츠가 다른 블로그를 통해 동의 없이 유통되는 경우에는 네이버 '저작권 보호 센터'에서 해당 블로그 게시물의 게시 중단을 요청해 권리를 보호받으실 수 있습니다. 게시 중단이 요청된 문서는 관련 기준과 절차에 따라 적법한 경우 검색 결과에서 제외됩니다."

*해당 Tip은 네이버 Search & Tech의 글을 그대로 인용했음을 밝힙니다(http://blog.naver.com/naver_search/220754140850).(http://blog.naver.com/naver_search/220754140850).

9
블로그로 광고를 할 수 있다고?
네이버 파워 콘텐츠

네이버는 2015년에 블로그를 홍보하기 위해 새로운 광고 상품을 출시했다. 파워 콘텐츠로, 블로그를 상업적으로 이용하는 빈도가 늘어난 것에 대한 조치였다. 한정적인 키워드와 통과하기 힘든 검수 가이드가 있지만 많은 광고주가 이용하고 있고 키워드도 점차 확대하는 추세

이미지 54 파워 콘텐츠 상품 구성

다. 네이버 블로그가 상위 노출에 점점 어려워지고 있다는 점도 파워 콘텐츠의 활용도를 높이는 데 한몫했다.

문제는 파워 콘텐츠를 학원에서도 유용하게 활용할 수 있느냐다. 브랜딩이 필요한 대형 학원이나 프랜차이즈 학원이라면 추천할 만하지만 지역 학원이라면 다소 진행하는 데 무리가 있다. 광고를 할 수 있는 키워드가 절대적으로 부족한 탓이다. 수학 학원을 예로 들면, 광고를 할 수 있는 키워드가 '수학 학원'과 '수학 잘하는 법' 2가지가 있다. 지역 학원에서 진행하기에는 알맞지 않은 광고 플랫폼이다.

더불어 지나친 검수 가이드도 문제다. 블로그 광고 내에서도 브랜드 노출과 홍보에 엄격한 제한을 두고 있다. 직접 홍보 효과를 얻는 데도 무리가 있다. 학원 규모에 따라 필요성을 검토해서 진행하기를 바란다.

지역 학원에 적합하지 않은 파워 콘텐츠를 굳이 언급하는 이유는 일부 학원장들의 혼선 때문이다. 몇몇 학원장은 파워 콘텐츠를 키워드 광고처럼 광고할 수 있다는 인식을 가지고 있다. 다행인 것은 네이버 파워 콘텐츠로 광고할 수 있는 키워드를 지속적으로 확대하는 분위기다. 시간이 흘러 키워드 숫자가 늘어난다면 활용을 고려해 볼 수 있다.

보도 자료는 고객의 신뢰?
멀티 키워드를 잡아라

언론 기사는 공신력과 신뢰를 기반으로 한다. 즉 신뢰가 필요한 교육에서 활용하면 좋은 매체다. 만약 학부모가 학원을 알아보던 중 신문에 난 기사를 본다면 긍정적인 느낌을 받을 것이다.

보도 자료는 지역 학원이 쓸 만한 소재가 없을 거라며 무심코 지나치기 아까운 영역이다. 네이버에는 '뉴스'라는 영역이 있어서 비용을 지불한다면 '보도 자료'라는 명목으로 배포할 수 있다. 적당한 소재와 약간의 비용만 있다면 충분히 노출시킬 수 있다.

꼭 신뢰도 때문에 네이버 뉴스 영역에 노출하는 것은 아니다. 기사 하나에 여러 키워드를 전략적으로 노출할 수도 있다. 대표 키워드 노출도 가능하다. 노출 기준이 최신순이므로 상황에 따라서는 오랫동안 상위 노출이 될 수 있다. 물론 경쟁이 심하다면 단기간에 밀려 내려갈 것이다. 이러한 특성을 이해하고 결정하면 된다.

아쉬운 점은 보도 자료는 전화번호나 사이트 URL을 노출할 수 없다. 직접 유입을 허용하지 않으니 검색을 유도하는 방식으로 글을 작성해야 한다. 글 작성 방식이 궁금하다면 기존에 올라가 있는 기사가 어떤 키워드를 잡아서 노출하고 있는지 참고하길 바란다.

보도 자료를 통해 진행하겠다고 마음먹었다면 체크할 것이 몇 가지 있다. 우선 유명한 신문사에 매달리지 말아야 한다. 온라인 언론사는 다양하다. 네이버에 노출하는 것을 목적으로 하므로 굳이 가격적으로 몇 배나 비싼 유명 신문사를 고집할 필요가 없다. 유명 언론사가 40~60만 원이라면 일반 언론사는 10만 원이면 된다. 그 비용을 아껴 여러 키워드 또는 1년에 몇 번을 계획해 진행하자.

1차로 언론사들을 선별했다면 그중 배너 광고가 적은 곳을 선택하자. 그렇게 선정된 언론사에 사진 한 장이 포함된 뉴스 기사를 작성해 보낸다. 그리고 의도한 키워드가 있는지 확인한다. 원하는 날짜에 집행하면 더 좋다.

이 모든 걸 직접 알아보고 진행한다는 건 현실적으로 쉽지 않다. 그래서 언론 기사는 대행사를 통하는 경우가 많다. 만약 《내일신문》이 들어오는 지역이라면 진행해 보는 걸 추천한다. 《내일신문》이 학부모에게 배포되기 때문이다.

Tip 17
온라인 마케팅 운영에 함께 쓰면 좋은 툴·정보

▶ 교육 콘텐츠 소재

- 구글 알리미 : https://www.google.co.kr/alerts
- 학교 알리미 : http://www.schoolinfo.go.kr/
- 베리타스 알파 : http://www.veritas-a.com/
- 한국진학저널 : http://www.dailyedu.co.kr/
- 대입정보포털 '어디가' : http://www.adiga.kr/

▶ 무료 이미지 사이트

- 픽사베이 : http://www.pixabay.com
- 플리커 : http://www.flickr.com
- 구글 : http://www.google.com
- 프리큐레이션 : http://www.freeqration.com

▶ 이미지 편집 툴

- 알캡처 : http://www.altools.co.kr/Main/Default.aspx

- 포토스케이프 : http://www.photoscape.co.kr/

▶ 아이디어 수집

- 마인드맵 : http://www.xmindkorea.net/
- 에버노트 : https://www.evernote.com/business/free-trial

▶ 픽토그램 아이콘 공유 사이트(로고, 카드뉴스, 인포그래픽)

- 플래티콘 : http://flaticon.com
- 더나운프로젝트 : http://thenounproject.com
- 아이콘파인더 : http://www.iconfinder.com

▶ 동영상 편집

- 뱁믹스 : http://www.vapshion.com/
- 쉐이커 : https://www.shakr.com/
- 곰믹스 : http://mix.gomlab.com
- 비바비디오 – 앱 다운로드
- 키네마스터 – 앱 다운로드

▶ 카드뉴스 만들기

- 타일 : https://tyle.io/create

- 망고보드 : http://www.mangoboard.net/

▶ 네이버 공식 블로그

- 네이버 C-Rank 알고리즘:

  https://blog.naver.com/naver_search/220774795442

- 네이버 D.I.A 알고리즘 :

  http://searchblog.naver.com/221297090120

- 이미지 저작권 :

  http://blog.naver.com/naver_search/220754140850

/에필로그/

100일 이후의
온라인 마케팅과 학원의 변화

지금까지 학원을 성장시키는 온라인 마케팅에 대해 살펴봤다. 정보도 중요하지만 그보다 더 중요한 게 있다. 사소한 정보로도 성과를 내는 사람이 있는가 하면, 아무리 훌륭한 강의나 책을 접해도 성과를 내지 못하는 사람이 있다. 차이는 무엇일까? 나는 실행력이라고 생각한다. 특히 온라인 마케팅은 실행이 중요하다. 온라인 마케팅 특성상 소재를 발굴하고 글로 표현해야 하는 작업이 많은데, 이를 오랫동안 하기가 쉽지 않다.

온라인 마케팅이 주목받기 시작한 지는 10년 남짓 된 듯하다. 나

역시 그 시기에 시작해서 30여 개의 블로그를 운영했고 1,000여 명의 이웃과 온라인으로 교류했다. 당시에는 이웃의 블로그에 찾아가 공감과 댓글을 달아 주는 것이 블로그의 중요한 활동 중 하나였다. 일종의 품앗이였다. 내가 해 주면 남도 해 주는 식. 암묵적인 규칙이 생긴 것이다. 이런 활동을 하다 보면 상대의 블로그를 자주 방문하게 되는데 어느 날 갑자기 블로그 활동을 중단하는 사람이 생각보다 많다는 것을 알게 되었다. 야심차게 시작했지만 100일을 넘기지 못하는 경우가 허다했다. 그때 생각했다. 이 바닥은 버티기만 해도 살아남겠구나. 그래서 여기까지 왔다.

나는 이 책에서 하루 30분, 100일이라는 시간을 제시했다. 이 기간만큼은 결과를 예단하지 말고 무작정 해 보라고 말하고 싶다. 판단은 100일 후에 해도 늦지 않을 것이다. 올바른 방법으로 진행한다면 분명 100일 이후에 학원에 긍정적인 변화의 바람이 불어올 것이다.

나는 10년간 온라인 마케팅 실무자로 일하면서 링에 오르는 선수와 같은 마음을 가졌다. 이 마음을 고스란히 품고, 가능하면 처음 시작하는 분들에게 필요한 내용을 담아내려고 노력했다. 그러다 보니 이따금 '해야 한다', '이렇게 해라' 식의 강요 섞인 주장도 있었을 것이다. 경험자로서 결과를 봤기 때문에 생긴, 지나친 독려 방식이었을지 모른다. 물론 이 책에 적은 내용들이 진리는 아니다. 어쩌면 마케팅이라는 거대한 영역 속에 있는, 아주 일부분일지도 모른다. 실전에서 쌓은 나의 경험이 다른 사람들에게는 맞지 않을 수도 있다. 그리고 이 한 권에 모든 것을 담아내지도 못했다.

그저 작은 바람을 피력한다면 이 책이 온라인 마케팅의 흐름을 이해하고, 시작해야겠다는 마음이 드는 통로가 되기를 바란다. 이런 의도가 맞아떨어진다면 그것만으로도 성공이라고 생각한다.

이제 남은 것은 '실행 의지'와 경쟁 학원보다 '빠른 움직임'이다. 늦게 움직일수록 그것을 따라잡는 데 소요되는 비용과 시간은 증가할 것이다.

머지않아 지역에서 입소문이 난 강소 학원으로, 후발 학원이 벤치마킹을 할 정도로 멋진 학원으로 성장하길 바란다. 온라인으로 설득되어진 채로 상담하러 오는 학부모를 맞이해 보자. 상담이 쉬워지고 등록률도 높아지는 기쁨을 맛보길 기원한다.

*"성공은 원래 어렵다.
하지만 그 어려움이 성공을 위대하게 만든다."
– 톰 행크스*

참고 문헌

- 강민호, 『변하는 것과 변하지 않은 것』, 와이비, 2017.
- 김성오, 『육일약국 갑시다』, 21세기북스, 2008.
- 김홍탁, 『금반지의 본질은 금이 아니라 구멍이다』, 이야기나무, 2015.
- 로버트 치알디니, 『설득의 심리학』, 21세기북스, 2013.
- 세스 고딘, 『보랏빛 소가 온다』, 재인, 2005.
- 찰스 두히그, 『습관의 힘』, 갤리온, 2012.

떠들썩한 홍보 없이
학부모의 마음을 사로잡은
1등 학원의 비밀

초판 1쇄 발행 2018년 9월 21일
초판 2쇄 발행 2020년 6월 24일

지은이	정석진
발행인	김승호
펴낸곳	prism
편집인	서진

편집진행	이병철
마케팅	김정현, 이민우

디자인	강희연
제작	김경호

주소	경기도 파주시 광인사길 209, 202호
대표번호	031-927-9965
팩스	070-7589-0721
전자우편	edit@sfbooks.co.kr
출판신고	2015년 8월 7일 제406-2015-000159

ISBN 979-11-88331-46-8 13320
값 15,800원

- 프리즘은 스노우폭스북스의 임프린트입니다.
- 스노우폭스북스는 여러분의 소중한 원고를 언제나 성실히 검토합니다.
- 이 책에 실린 모든 내용은 저작권법에 따라 보호를 받는 저작물이므로 무단 전재와 무단 복제를 금합니다. 이 책 내용의 전부 또는 일부를 사용하려면 반드시 출판사의 동의를 받아야 합니다.
- 잘못된 책은 구입처에서 교환해 드립니다.